贞观政要

[唐]吴兢 著

“学而书馆”编辑组 注译

中国友谊出版公司

图书在版编目（CIP）数据

贞观政要 /（唐）吴兢著 ；“学而书馆”编辑组注译. -- 北京 ：中国友谊出版公司，2021.4
ISBN 978-7-5057-3344-2

Ⅰ. ①贞… Ⅱ. ①吴… ②学… Ⅲ. ①典章制度－中国－唐代②《贞观政要》－注释③《贞观政要》－译文
Ⅳ. ①D691.5

中国版本图书馆CIP数据核字(2021)第043926号

书名 贞观政要
作者 [唐] 吴兢
注译 “学而书馆”编辑组
出版 中国友谊出版公司
发行 中国友谊出版公司
经销 新华书店
印刷 唐山富达印务有限公司
规格 880×1230毫米 32开
10.5印张 215千字
版次 2021年5月第1版
印次 2021年5月第1次印刷
书号 ISBN 978-7-5057-3344-2
定价 42.00元
地址 北京市朝阳区西坝河南里17号楼
邮编 100028
电话（010）64678009

以铜为镜，可以正衣冠；
以古为镜，可以知兴替；
以人为镜，可以明得失。

——《旧唐书·魏徵传》

《步辇图》（唐）阎立本 绘；现藏北京故宫博物院

贞观十四年（640），吐蕃第三十二世赞普松赞干布仰慕大唐文化，遣大相（相当于宰相）禄东赞出使长安，向唐朝廷请求联姻，后文成公主入藏，成为千古佳话。此画即描绘唐太宗李世民接见吐蕃使臣禄东赞时的场景，是中国十大传世名画之一。

目录

CONTENTS

第一卷

第1章 论君道 003

第2章 论政体 011

第二卷

第3章 论任贤 025

第4章 论求谏 038

第5章 论纳谏 046

第三卷

第6章 论君臣鉴戒 059

第7章 论择官 069

第8章 论封建 080

第四卷

第9章 论太子诸王定分 091

第10章 论尊敬师傅 095

第11章 论教诫太子诸王 102

第12章　论规谏太子　109

第五卷

第13章　论仁义　125
第14章　论忠义　128
第15章　论孝友　138
第16章　论公平　141
第17章　论诚信　157

第六卷

第18章　论俭约　165
第19章　论谦让　170
第20章　论仁恻　173
第21章　慎所好　175
第22章　慎言语　178
第23章　杜谗邪　181
第24章　论悔过　186
第25章　论奢纵　189
第26章　论贪鄙　193

第七卷

第27章　论崇儒学　199

第28章　论文史　203
第29章　论礼乐　206

第八卷

第30章　论务农　219
第31章　论刑法　222
第32章　论赦令　232
第33章　辩兴亡　235
第34章　论贡赋　239

第九卷

第35章　议征伐　245
第36章　议安边　259

第十卷

第37章　论行幸　269
第38章　论畋猎　272
第39章　论灾祥　277
第40章　论慎终　282

附录

直谏　295
帝范　309
凌烟阁二十四功臣简表　321

第一卷

第1章　论君道

01

贞观初。太宗谓侍臣曰：“为君之道，必须先存百姓。若损百姓以奉其身，犹割股以啖腹，腹饱而身毙。若安天下，必须先正其身，未有身正而影曲，上理而下乱者。朕每思伤其身者不在外物，皆由嗜欲以成其祸。若耽嗜滋味，玩悦声色，所欲既多，所损亦大，既妨政事，又扰生人。且复出一非理之言，万姓为之解体[①]，怨讟[②]既作，离叛亦兴。朕每思此，不敢纵逸。”

谏议大夫魏徵对曰：“古者圣哲之主，皆亦近取诸身，故能远体诸物。昔楚聘詹何[③]，问其治国之要，詹何对以修身之术。楚

---

① 解体：此处指人心离散。

② 怨讟（dú）：因怨恨而发诽谤语。

③ 詹何：战国时期楚国思想家，善推理。

王[①]又问理国何如，詹何曰：‘未闻身理而国乱者。’陛下所明，实同古义。”

02

贞观二年。太宗问魏徵曰：“何谓为明君暗君？”

徵曰：“君之所以明者，兼听也；其所以暗者，偏信也。《诗》云：‘先人有言，询于刍荛[②]。’昔唐、虞之理，辟四门，明四目，达四聪。是以圣无不照[③]，故共、鲧之徒，不能塞也；靖言庸回[④]，不能惑也。秦二世则隐藏其身，捐隔疏贱而偏信赵高，及天下溃叛，不得闻也。梁武帝偏信朱异[⑤]，而侯景举兵向阙，竟不得知也。隋炀帝偏信虞世基[⑥]，而诸贼攻城剽邑，亦不得知也。是故人君兼听纳下，则贵臣不得壅蔽，而下情必得上通也。”

太宗甚善其言。

---

① 楚王：指楚庄王。

② 刍荛（chú ráo）：指割草砍柴之人。刍，草；荛，柴。

③ 照：知晓。

④ 靖言庸回：同“靖言庸违”，指巧言令色，口是心非。

⑤ 朱异（483—549）：字彦和，因主张招纳东魏降将侯景而造成“侯景之乱”。

⑥ 虞世基（？—618）：字茂世，曾多次劝谏隋炀帝不成，又见其他劝谏大臣被杀，遂对隋炀帝唯命是从。

03

贞观十年。太宗谓侍臣曰：“帝王之业，草创与守成孰难？”

尚书左仆射房玄龄对曰：“天地草昧①，群雄竞起，攻破乃降，战胜乃克。由此言之，草创为难。”

魏徵对曰：“帝王之起，必承衰乱，覆彼昏狡，百姓乐推，四海归命，天授人与，乃不为难。然既得之后，志趣骄逸，百姓欲静而徭役不休，百姓凋残而侈务不息，国之衰弊，恒由此起。以斯而言，守成则难。”

太宗曰：“玄龄昔从我定天下，备尝艰苦，出万死而遇一生，所以见草创之难也。魏徵与我安天下，虑生骄逸之端，必践危亡之地，所以见守成之难也。今草创之难，既已往矣，守成之难者，当思与公等慎之。”

04

贞观十一年。特进②魏徵上疏曰：

① 草昧：指天下混乱的状态。

② 特进：官名，相当于正二品。

臣观自古受图[1]膺运，继体守文，控御英雄，南面[2]临下，皆欲配厚德于天地，齐高明于日月，本支[3]百世，传祚无穷。然而克终者鲜，败亡相继，其故何哉？所以求之，失其道也。殷鉴不远，可得而言。

昔在有隋，统一寰宇，甲兵强盛，三十余年，风行万里，威动殊俗[4]。一旦举而弃之，尽为他人之有。彼炀帝岂恶天下之治安，不欲社稷之长久，故行桀虐，以就灭亡哉？恃其富强，不虞后患。驱天下以从欲，罄万物而自奉，采域中之子女，求远方之奇异。宫苑是饰，台榭是崇，徭役无时，干戈不戢。外示严重，内多险忌，谗邪者必受其福，忠正者莫保其生。上下相蒙，君臣道隔，民不堪命，率土分崩。遂以四海之尊，殒于匹夫之手，子孙殄绝，为天下笑，可不痛哉！

圣哲乘机，拯其危溺，八柱倾而复正，四维弛而更张。远肃迩安，不逾于期月[5]；胜残去杀，无待于百年。今宫观台榭，尽居之矣；奇珍异物，尽收之矣；姬姜淑媛[6]，

① 图：指河图。古代有“河图洛书”一说，封建统治者常用来宣传“君权神授”思想。

② 南面：古代以坐北朝南为尊，指身居尊位。

③ 本支：指子孙。

④ 殊俗：指异域。

⑤ 期（jī）月：指一整年。

⑥ 姬姜淑媛：此四字多用来形容女子容貌和品德俱佳者。

尽侍于侧矣；四海九州，尽为臣妾矣。若能鉴彼之所以失，念我之所以得，日慎一日，虽休勿休，焚鹿台[①]之宝衣，毁阿房之广殿，惧危亡于峻宇，思安处于卑宫，则神化潜通，无为而治，德之上也。若成功不毁，即仍其旧，除其不急，损之又损，杂茅茨于桂栋，参玉砌以土阶，悦以使人，不竭其力，常念居之者逸，作之者劳，亿兆悦以子来，群生仰而遂性，德之次也。若惟圣罔念，不慎厥终，忘缔构之艰难，谓天命之可恃，忽采椽之恭俭，追雕墙之靡丽，因其基以广之，增其旧而饰之，触类而长，不知止足，人不见德，而劳役是闻，斯为下矣。譬之负薪救火，扬汤止沸，以暴易乱，与乱同道，莫可测也，后嗣何观！夫事无可观则人怨，人怨则神怒，神怒则灾害必生，灾害既生，则祸乱必作，祸乱既作，而能以身名全者鲜矣。顺天革命[②]之后，将隆七百之祚，贻厥子孙，传之万叶，难得易失，可不念哉！

是月，徵又上疏[③]曰：

臣闻求木之长者，必固其根本；欲流之远者，必

① 鹿台：商纣王所建之宫苑。

② 革命：指改朝换代。

③ 这篇奏疏即著名的《谏太宗十思疏》。

浚其泉源；思国之安者，必积其德义。源不深而望流之远，根不固而求木之长，德不厚而思国之理，臣虽下愚，知其不可，而况于明哲乎！人君当神器之重，居域中之大，将崇极天之峻，永保无疆之休[①]。不念居安思危，戒奢以俭，德不处其厚，情不胜其欲，斯亦伐根以求木茂，塞源而欲流长者也。

凡百元首，承天景命，莫不殷忧而道著，功成而德衰。有善始者实繁，能克终者盖寡，岂取之易而守之难乎？昔取之而有余，今守之而不足，何也？夫在殷忧，必竭诚以待下；既得志，则纵情以傲物。竭诚则胡越[②]为一体，傲物则骨肉为行路。虽董[③]之以严刑，振之以威怒，终苟免而不怀仁，貌恭而不心服。怨不在大，可畏惟人。载舟覆舟，所宜深慎。奔车朽索，其可忽乎！

君人者，诚能见可欲则思知足以自戒，将有作则思知止以安人，念高危则思谦冲而自牧，惧满溢则思江海下百川，乐盘游[④]则思三驱[⑤]以为度，忧懈怠则思慎始而敬终，虑壅蔽则思虚心以纳下，想谗邪则思正身以黜恶，恩

---

① 休：指吉庆、福禄。

② 胡越：胡人在北境，越人在南境，指偏远地区。

③ 董：监督。

④ 盘游：指打猎。

⑤ 三驱：古王者田猎之制，即田猎时须让开一面，三面驱赶，以示好生之德。

所加则思无因喜以谬赏，罚所及则思无因怒而滥刑。总此十思，弘兹九德[①]，简能而任之，择善而从之。则智者尽其谋，勇者竭其力，仁者播其惠，信者效其忠。文武争驰，君臣无事，可以尽豫游之乐，可以养松乔之寿，鸣琴垂拱[②]，不言而化。何必劳神苦思，代下司职，役聪明之耳目，亏无为之大道哉！

太宗手诏答曰：

省频抗表，诚极忠款，言穷切至。披览忘倦，每达宵分。非公体国情深，启沃[③]义重，岂能示以良图，匡其不及。朕闻晋武帝自平吴已后，务在骄奢，不复留心治政。何曾[④]退朝谓其子劭[⑤]曰："吾每见主上不论经国远图，但说平生常语，此非贻厥子孙者，尔身犹可以免。"指诸孙曰："此等必遇乱死。"及孙绥[⑥]，果为淫刑所戮。前史美之，以为明于先见。朕意不然，谓曾之不忠，其罪大

---

① 九德：贤者所持之九种优良品格，具体是忠、信、敬、刚、柔、和、固、贞、顺。

② 垂拱：垂衣拱手，表示不做什么事，指不亲理事务。

③ 启沃：指竭诚开导，辅佐君王。

④ 何曾（199—279）：字颖考，陈国阳夏（今河南太康）人，西晋太尉、太保。

⑤ 劭：何劭，何曾之子。晋武帝时任散骑常侍。

⑥ 绥：何绥，何曾之孙。晋武帝时任侍中尚书。

矣。夫为人臣，当进思尽忠，退思补过，将顺其美，匡救其恶，所以共为治也。曾位极台司①，名器崇重，当直辞正谏，论道佐时。今乃退有后言，进无廷诤，以为明智，不亦谬乎！危而不持，焉用彼相？公之所陈，朕闻过矣。当置之几案，事等弦韦②。必望收彼桑榆，期之岁暮，不使康哉良哉③，独美于往日，若鱼若水，遂爽于当今。迟复嘉谋，犯而无隐。朕将虚襟静志，敬伫德音。

05

贞观十五年。太宗谓侍臣曰："守天下难易？"

侍中魏徵对曰："甚难。"

太宗曰："任贤能、受谏诤，即可，何谓为难？"

徵曰："观自古帝王，在于忧危之间则任贤受谏，及至安乐，必怀宽怠，言事者惟令兢惧，日陵月替④，以至危亡。圣人所以居安思危，正为此也。安而能惧，岂不为难？"

---

① 台司：指位列三公等宰辅重臣。

② 弦韦：弓弦与柔皮，比喻警勉自己。典出《韩非子·观行》："西门豹之性急，故佩韦以自缓；董安于之心缓，故佩弦以自急。"

③ 康哉良哉：歌颂君明良臣，天下和乐。典出《尚书·益稷》："元首明哉，股肱良哉，庶事康哉。"

④ 日陵月替：指逐渐衰微、弛退。

第2章　论政体

01

贞观初。太宗谓萧瑀[1]曰："朕少好弓矢，自谓能尽其妙。近得良弓十数，以示弓工。乃曰：'皆非良材也。'朕问其故，工曰：'木心不正，则脉理皆邪。弓虽刚劲而遣箭不直，非良弓也。'朕始悟焉。朕以弧矢定四方，用弓多矣，而犹不得其理。况朕有天下之日浅，得为理之意，固未及于弓，弓犹失之，而况于理乎？"

自是诏京官五品以上，更宿[2]中书内省。每召见，皆赐坐与语，询访外事，务知百姓利害、政教得失焉。

---

① 萧瑀（575—648）：字时文，南朝梁明帝之子。贞观初年，任太子少师。

② 更宿：轮值。

02

贞观元年。太宗谓黄门侍郎王珪[①]曰："中书所出诏敕，颇有意见不同，或兼错失而相正以否。元置中书、门下，本拟相防过误。人之意见，每或不同，有所是非，本为公事。或有护己之短，忌闻其失，有是有非，衔以为怨。或有苟避私隙，相惜颜面，知非政事，遂即施行。难违一官之小情，顿为万人之大弊，此实亡国之政，卿辈特须在意防也。隋日内外庶官，政以依违而致祸乱，人多不能深思此理。当时皆谓祸不及身，面从背言，不以为患。后至大乱一起，家国俱丧，虽有脱身之人，纵不遭刑戮，皆辛苦仅免，甚为时论所贬黜。卿等特须灭私徇公，坚守直道，庶事相启沃，勿上下雷同也。"

03

贞观二年。太宗问黄门侍郎王珪曰："近代君臣理国，多劣于前古，何也？"

对曰："古之帝王为政，皆志尚清静，以百姓之心为心。近代

---

① 王珪（570—639）：字叔玠，唐初四大名相之一。

则唯损百姓以适其欲，所任用大臣，复非经术之士[①]。汉家宰相，无不精通一经，朝廷若有疑事，皆引经决定，由是人识礼教，理致太平。近代重武轻儒，或参以法律，儒行既亏，淳风大坏。”

太宗深然其言。自此百官中有学业优长，兼识政体者，多进其阶品，累加迁擢焉。

04

贞观三年。太宗谓侍臣曰：“中书、门下，机要之司，擢才而居，委任实重。诏敕如有不稳便，皆须执论。比来惟觉阿旨顺情，唯唯苟过，遂无一言谏诤者，岂是道理？若惟署诏敕、行文书而已，人谁不堪？何烦简择，以相委付？自今诏敕疑有不稳便，必须执言，无得妄有畏惧，知而寝默。”

05

贞观四年。太宗问萧瑀曰：“隋文帝何如主也？”

对曰：“克己复礼，勤劳思政，每一坐朝，或至日昃。五品已上，引坐论事，宿卫之士，传飧而食，虽性非仁明，亦是励精之主。”

---

① 经术之士：读经学儒之士，指贤能才俊。

太宗曰："公知其一，未知其二。此人性至察而心不明。夫心暗则照有不通，至察则多疑于物。又欺孤儿寡妇以得天下[①]，恒恐群臣内怀不服，不肯信任百司，每事皆自决断，虽则劳神苦形，未能尽合于理。朝臣既知其意，亦不敢直言，宰相以下，惟承顺而已。朕意则不然，以天下之广，四海之众，千端万绪，须合变通，皆委百司商量，宰相筹画，于事稳便，方可奏行。岂得以一日万机，独断一人之虑也。且日断十事，五条不中，中者信善，其如不中者何？以日继月，乃至累年，乖谬[②]既多，不亡何待？岂如广任贤良，高居深视，法令严肃，谁敢为非？"

因令诸司，若诏敕颁下有未稳便者，必须执奏，不得顺旨便即施行，务尽臣下之意。

06

贞观五年。太宗谓侍臣曰："治国与养病无异也。病人觉愈，弥须将护，若有触犯，必至殒命。治国亦然，天下稍安，尤须兢慎，若便骄逸，必至丧败。今天下安危，系之于朕，故日慎一日，虽休勿休。然耳目股肱，寄于卿辈，既义均一体，宜

---

① 欺孤儿寡妇以得天下：杨坚之女为北周宣帝的皇后，宣帝死，杨坚废静帝自立，故如此说。

② 乖谬：背离常理之事。

协力同心，事有不安，可极言无隐。傥[①]君臣相疑，不能备尽肝膈[②]，实为国之大害也。”

07

贞观六年。太宗谓侍臣曰：“看古之帝王，有兴有衰，犹朝之有暮，皆为敝其耳目，不知时政得失。忠正者不言，邪谄者日进，既不见过，所以至于灭亡。朕既在九重，不能尽见天下事，故布之卿等，以为朕之耳目。莫以天下无事，四海安宁，便不存意。‘可爱非君，可畏非民？’天子者，有道则人推而为主，无道则人弃而不用，诚可畏也。”

魏徵对曰：“自古失国之主，皆为居安忘危，处理忘乱，所以不能长久。今陛下富有四海，内外清晏，能留心理道，常临深履薄，国家历数，自然灵长[③]。臣又闻古语云：‘君，舟也；人，水也。水能载舟，亦能覆舟。’陛下以为可畏，诚如圣旨。”

---

① 傥：同“倘”。

② 肝膈：指人的内心。

③ 灵长：广远绵长。

08

贞观六年。太宗谓侍臣曰："古人云：'危而不持，颠而不扶，焉用彼相？'君臣之义，得不尽忠匡救乎？朕尝读书，见桀杀关龙逄[①]，汉诛晁错，未尝不废书叹息。公等但能正词直谏，裨益政教，终不以犯颜忤旨，妄有诛责。朕比来临朝断决，亦有乖于律令者，公等以为小事，遂不执言。凡大事皆起于小事，小事不论，大事又将不可救，社稷倾危，莫不由此。隋主残暴，身死匹夫之手，率土苍生，罕闻嗟痛。公等为朕思隋氏灭亡之事，朕为公等思龙逄、晁错之诛，君臣保全，岂不美哉！"

09

贞观七年。太宗与秘书监魏徵从容论自古理政得失，因曰："当今大乱之后，造次[②]不可致理。"

徵曰："不然。凡人在危困则忧死亡，忧死亡则思理，思理则易教。然则乱后易教，犹饥人易食也。"

太宗曰："善人为邦百年，然后胜残去杀。大乱之后，将求致

① 关龙逄（páng）：夏朝末年贤臣，因多次直谏，被夏桀所杀。

② 造次：慌忙，仓促。

理，宁可造次而望乎？”

徵曰：“此据常人，不在圣哲。若圣哲施化，上下同心，人应如响，不疾而速，期月而可，信不为难，三年成功，犹谓其晚。”太宗以为然。

封德彝[1]等对曰：“三代以后，人渐浇讹，故秦任法律，汉杂霸道，皆欲理而不能，岂能理而不欲？若信魏徵所说，恐败乱国家。”

徵曰：“五帝、三王，不易人而理。行帝道则帝，行王道则王，在于当时所理，化之而已。考之载籍，可得而知。昔黄帝与蚩尤七十余战，其乱甚矣，既胜之后，便致太平。九黎乱德，颛顼征之，既克之后，不失其理。桀为乱虐，而汤放之，在汤之代，即致太平。纣为无道，武王伐之，成王之代，亦致太平。若言人渐浇讹，不及纯朴，至今应悉为鬼魅，宁可复得而教化耶？”德彝等无以难之，然咸以为不可。

太宗每力行不倦，数年间，海内康宁，突厥破灭，因谓群臣曰：“贞观初，人皆异论，云当今必不可行帝道、王道，惟魏徵劝我。既从其言，不过数载，遂得华夏安宁，远戎宾服。突厥自古以来，常为中国勍敌[2]，今酋长并带刀宿卫，部落皆袭衣冠。使我遂至于此，皆魏徵之力也。”顾谓徵曰：“玉虽有美质，在于石间，不值良工琢磨，与瓦砾不别。若遇良工，即为万代之宝。朕

① 封德彝（568—627）：名伦，唐朝宰相。

② 勍（qíng）敌：强敌。

虽无美质，为公所切磋，劳公约朕以仁义，弘朕以道德，使朕功业至此，公亦足为良工尔。”

10

贞观八年。太宗谓侍臣曰：“隋时百姓纵有财物，岂得保此？自朕有天下已来，存心抚养，无有所科差[①]，人人皆得营生，守其资财，即朕所赐。向使朕科唤不已，虽数资赏赐，亦不如不得。”

魏徵对曰：“尧、舜在上，百姓亦云‘耕田而食，凿井而饮’，含哺鼓腹，而云‘帝何力’于其间矣。今陛下如此含养，百姓可谓日用而不知。”又奏称：“晋文公[②]出田，逐兽于砀[③]，入大泽，迷不知所出。其中有渔者，文公谓曰：‘我，若君也，道将安出？我且厚赐若。’渔者曰：‘臣愿有献。’文公曰：‘出泽而受之。’于是送出泽。文公曰：‘今子之所欲教寡人者，何也？愿受之。’渔者曰：‘鸿鹄保河海，厌而徙之小泽，则有矰[④]丸之忧。鼋鼍保深渊，厌而出之浅渚，必有钓射之忧。今君逐兽砀，入至此，何行之太远也？’文公曰：‘善哉！’谓从者记渔者名。渔者

---

① 科差：指官府向百姓课税征役。与下文“科唤”同义。

② 晋文公（前697—前628）：姬姓，名重耳。春秋晋国国君，春秋五霸之一。

③ 砀（dàng）：地名，在今河南夏邑县东南。

④ 矰（zēng）：古人用来射鸟的拴有丝绳的短箭，指泛短箭。

曰：‘君何以名？君尊天事地，敬社稷，保四国，慈爱万民，薄赋敛，轻租税，臣亦与焉。君不尊天，不事地，不敬社稷，不固四海，外失礼于诸侯，内逆民心，一国流亡，渔者虽有厚赐，不得保也。’遂辞不受。”

太宗曰：“卿言是也。”

11

贞观九年。太宗谓侍臣曰：“往昔初平京师，宫中美女珍玩，无院不满。炀帝意犹不足，征求无已，兼东西征讨，穷兵黩武，百姓不堪，遂致亡灭。此皆朕所目见，故夙夜孜孜，惟欲清净，使天下无事。遂得徭役不兴，年谷丰稔[①]，百姓安乐。夫治国犹如栽树，本根不摇则枝叶茂荣。君能清净，百姓何得不安乐乎？”

12

贞观十六年。太宗谓侍臣曰：“或君乱于上，臣理于下；或臣乱于下，君理于上。二者苟逢，何者为甚？”

特进魏徵对曰：“君心理则照见下非。诛一劝百，谁敢不畏威

---

① 丰稔（rěn）：指庄稼成熟丰收。

尽力？若昏暴于上，忠谏不从，虽百里奚、伍子胥之在虞、吴，不救其祸，败亡亦继。”

太宗曰：“必如此，齐文宣[①]昏暴，杨遵彦[②]以正道扶之得理，何也？”

徵曰：“遵彦弥缝暴主，救理苍生，才得免乱，亦甚危苦。与人主严明，臣下畏法，直言正谏，皆见信用，不可同年而语也。”

13

贞观十九年。太宗谓侍臣曰：“朕观古来帝王，骄矜而取败者不可胜数。不能远述古昔，至如晋武平吴、隋文伐陈已后，心逾骄奢，自矜诸己，臣下不复敢言，政道因兹弛紊。朕自平定突厥、破高丽已后，兼并铁勒，席卷沙漠以为州县，夷狄远服，声教益广。朕恐怀骄矜，恒自抑折，日旰[③]而食，坐以待晨。每思臣下有谠言直谏，可以施于政教者，当拭目以师友待之。如此，庶几于时康道泰尔。”

---

① 齐文宣（529—559）：北齐文宣帝高洋，字子进。在位初期励精图治，后期纵欲残暴，暴毙，终年三十四岁。

② 杨遵彦：名愔，北齐名臣。

③ 日旰（gàn）：早晚。

14

太宗自即位之始，霜旱为灾，米谷踊贵，突厥侵扰，州县骚然。帝志在忧人，锐精为政，崇尚节俭，大布恩德。是时，自京师及河东、河南、陇右，饥馑尤甚，一匹绢才得一斗米。百姓虽东西逐食，未尝嗟怨，莫不自安。至贞观三年，关中丰熟，咸自归乡，竟无一人逃散，其得人心如此。加以从谏如流，雅好儒术，孜孜求士，务在择官，改革旧弊，兴复制度，每因一事，触类为善。初，息隐、海陵[①]之党，同谋害太宗者数百千人，事宁，复引居左右近侍，心术豁然，不有疑阻。时论以为能断决大事，得帝王之体。深恶官吏贪浊，有枉法受财者，必无赦免。在京流外有犯赃者，皆遣执奏，随其所犯，置以重法。由是官吏多自清谨。制驭王公、妃主之家，大姓豪猾之伍，皆畏威屏迹，无敢侵欺细人[②]。商旅野次，无复盗贼，囹圄常空，马牛布野，外户不闭。又频致丰稔，米斗三四钱，行旅自京师至于岭表，自山东至于沧海，皆不赍粮，取给于路。入山东村落，行客经过者，必厚加供待，或发时有赠遗。此皆古昔未有也。

---

① 息隐、海陵：玄武门之变后，唐太宗封李建成为息王，谥隐；封李元吉为海陵王。

② 细人：指平民百姓。

第二卷

第3章　论任贤

01

房玄龄，齐州临淄人也。初仕隋，为隰城[①]尉。坐事除名，徙上郡。太宗徇地[②]渭北，玄龄杖策谒于军门。太宗一见，便如旧识，署渭北道行军记室参军。玄龄既遇知己，遂罄竭心力。是时，贼寇每平，众人竞求金宝，玄龄独先收人物，致之幕府。及有谋臣猛将，与之潜相申结，各致死力。累授秦王府记室，兼陕东道大行台考功郎中。玄龄在秦府十余年，恒典管记。隐太子、巢剌王[③]以玄龄及杜如晦为太宗所亲礼，甚恶之，谮之高祖，由是与如晦并遭驱斥。及隐太子将有变也，太宗召玄龄、如晦，令衣道士服，潜引入

---

① 隰（xí）城：地名，在今山西汾阳西。

② 徇地：掠取土地，攻占。

③ 巢剌王：即李元吉。

阁谋议。及事平，太宗入春宫，擢拜太子左庶子。贞观元年，迁中书令。三年，拜尚书左仆射，监修国史，封梁国公，实封一千三百户。既总任百司，虔恭夙夜，尽心竭节，不欲一物失所。闻人有善，若己有之。明达吏事，饰以文学，审定法令，意在宽平。不以求备取人，不以己长格物，随能收叙，无隔疏贱。论者称为良相焉。十三年，加太子少师，玄龄自以一居端揆[①]十有五年，频抗表辞位，优诏不许。十六年，进拜司空，仍总朝政，依旧监修国史。

玄龄复以年老请致仕，太宗遣使谓曰："国家久相任使，一朝忽无良相，如失两手。公若筋力不衰，无烦此让。自知衰谢，当更奏闻。"玄龄遂止。

太宗又尝追思王业之艰难，佐命之匡弼[②]，乃作《威凤赋》以自喻，因赐玄龄，其见称类如此。

02

杜如晦，京兆万年[③]人也。武德初，为秦王府兵曹参军，俄迁陕州总管府长史。时府中多英俊，被外迁者众，太宗患之。记室房玄龄曰："府僚去者虽多，盖不足惜。杜如晦聪明识达，王佐才

---

① 端揆：指宰相。宰相居百官之首，总揽国政，故称。

② 佐命匡弼：辅佐帝王创业曰"佐命"，匡正补救曰"匡弼"。

③ 京兆万年：地名，今属陕西西安。

也。若大王守藩端拱，无所用之；必欲经营四方，非此人莫可。”太宗自此弥加礼重，寄以心腹，遂奏为府属，常参谋帷幄。时军国多事，剖断如流，深为时辈所服。累除天策府从事中郎，兼文学馆学士。隐太子之败，如晦与玄龄功第一，迁拜太子右庶子。俄迁兵部尚书，进封蔡国公，实封一千三百户。贞观二年，以本官检校侍中。三年，拜尚书右仆射，兼知[①]吏部选事，仍与房玄龄共掌朝政。至于台阁规模，典章文物，皆二人所定，甚获当时之誉，时称“房杜”焉。

03

魏徵，钜鹿人也，近徙家相州之临黄。武德末，为太子洗马[②]。见太宗与隐太子阴相倾夺，每劝建成早为之谋。

太宗既诛隐太子，召徵责之曰：“汝离间我兄弟，何也？”众皆为之危惧。

徵慷慨自若，从容对曰：“皇太子若从臣言，必无今日之祸。”

太宗为之敛容，厚加礼异，擢拜谏议大夫。数引之卧内，访以政术。徵雅有经国之才，性又抗直，无所屈挠。太宗每与之言，未尝不悦。徵亦喜逢知己之主，竭其力用。又劳之曰：“卿所

① 知：主管。

② 太子洗（xiǎn）马：官名，辅佐太子，教太子政事文理的官职。“洗”通“冼”。

谏前后二百余事，皆称朕意。非卿忠诚奉国，何能若是？”

三年，累迁秘书监，参预朝政。深谋远算，多所弘益。太宗尝谓曰：“卿罪重于中钩，我任卿逾于管仲，近代君臣相得，宁有似我于卿者乎？”

六年，太宗幸九成宫，宴近臣，长孙无忌曰：“王珪、魏徵，往事息隐，臣见之若仇，不谓今者又同此宴。”

太宗曰：“魏徵往者实我所仇，但其尽心所事，有足嘉者。朕能擢而用之，何惭古烈？徵每犯颜切谏，不许我为非，我所以重之也。”

徵再拜曰：“陛下导臣使言，臣所以敢言。若陛下不受臣言，臣亦何敢犯龙鳞，触忌讳也。”太宗大悦，各赐钱十五万。

七年，代王珪为侍中，累封郑国公。寻以疾乞辞所职，请为散官。太宗曰：“朕拔卿于仇虏之中，任卿以枢要之职，见朕之非，未尝不谏。公独不见金之在矿？何足贵哉？良冶锻而为器，便为人所宝。朕方自比于金，以卿为良工。虽有疾，未为衰老，岂得便尔耶？”徵乃止。后复固辞，听解侍中，授以特进，仍知门下省事。

十二年，太宗以诞皇孙，诏宴公卿。帝极欢，谓侍臣曰：“贞观以前，从我平定天下，周旋艰险，玄龄之功无所与让。贞观之后，尽心于我，献纳忠谠，安国利人，成我今日功业，为天下所称者，惟魏徵而已。古之名臣，何以加也。”于是亲解佩刀以赐二人。庶人承乾在春宫，不修德业；魏王泰宠爱日隆，内外庶寮，咸有疑议。太宗闻而恶之，谓侍臣曰：“当今朝臣，忠謇无如魏徵，我遣傅皇太子，用绝天下之望。”

十七年，遂授太子太师，知门下事如故。徵自陈有疾，太宗谓曰：“太子宗社之本，须有师傅，故选中正，以为辅弼。知公疹病，可卧护之。”徵乃就职。寻遇疾。徵宅内先无正堂，太宗时欲营小殿，乃辍其材为造，五日而就。遣中使赐以布被素褥，遂其所尚。后数日，薨。太宗亲临恸哭，赠司空，谥曰文贞。太宗亲为制碑文，复自书于石。特赐其家食实封九百户。太宗后尝谓侍臣曰：“夫以铜为镜，可以正衣冠；以古为镜，可以知兴替；以人为镜，可以明得失。朕常保此三镜，以防己过。今魏徵殂逝，遂亡一镜矣！”因泣下久之。

乃诏曰：

> 昔惟魏徵，每显予过。自其逝也，虽过莫彰。朕岂独有非于往时，而皆是于兹日？故亦庶僚苟顺，难触龙鳞者欤！所以虚己外求，披迷内省。言而不用，朕所甘心。用而不言，谁之责也？自斯已后，各悉乃诚。若有是非，直言无隐。

04

王珪，太原祁县人也。武德中，为隐太子中允[①]，甚为建成所礼。后以连其阴谋事，流于巂州[②]。建成诛后，太宗即位，召拜谏议大夫。每推诚尽节，多所献纳。

珪尝上封事[③]切谏，太宗谓曰："卿所论皆中朕之失，自古人君莫不欲社稷永安，然而不得者，只为不闻己过，或闻而不能改故也。今朕有所失，卿能直言，朕复闻过能改，何虑社稷之不安乎？"太宗又尝谓珪曰："卿若常居谏官，朕必永无过失。"顾待益厚。

贞观元年，迁黄门侍郎，参预政事，兼太子右庶子。二年，进拜侍中。时房玄龄、魏徵、李靖、温彦博[④]、戴胄[⑤]与珪同知国政，尝因侍宴，太宗谓珪曰："卿识鉴精通，尤善谈论，自玄龄等，咸宜品藻。又可自量，孰与诸子贤。"

对曰："孜孜奉国，知无不为，臣不如玄龄。每以谏诤为心，耻君不及尧、舜，臣不如魏徵。才兼文武，出将入相，臣不如李

① 中允：官名。掌侍从礼仪，驳正启奏，并监药和通判坊局等事。

② 巂（guī）州：唐州名，在今四川西昌市。

③ 封事：古时臣下上书奏事，防有泄露，用袋封缄，称为封事。

④ 温彦博（575—637）：字大临，唐初宰相。

⑤ 戴胄（573—633）：字玄胤，唐初宰相。

靖。敷奏详明，出纳惟允，臣不如温彦博。处繁理剧，众务必举，臣不如戴胄。至于激浊扬清，嫉恶好善，臣于数子，亦有一日之长。”

太宗深然其言，群公亦各以为尽己所怀，谓之确论。

05

李靖，京兆三原人也。大业末，为马邑郡丞，会高祖为太原留守，靖观察高祖，知有四方之志，因自锁上变，诣江都。至长安，道塞不通而止。高祖克京城，执靖，将斩之，靖大呼曰：“公起义兵除暴乱，不欲就大事，而以私怨斩壮士乎？”太宗亦加救靖，高祖遂舍之。

武德中，以平萧铣、辅公祏[①]功，历迁扬州大都督府长史。太宗嗣位，召拜刑部尚书。贞观二年，以本官检校[②]中书令。三年，转兵部尚书，为代州道行军总管，进击突厥定襄城，破之。突厥诸部落俱走碛北[③]，北擒隋齐王暕之子杨道政及炀帝萧后，送于长安。突利可汗[④]来降，颉利可汗[⑤]仅以身遁。

---

① 萧铣（xiǎn）、辅公祏（shí）：两人都是隋末唐初地方割据势力的首领。

② 检校：代理。

③ 碛（qì）北：古代称蒙古高原大漠以北地区。

④ 突利可汗（603—631）：名阿史那什钵苾，始毕可汗之子，东突厥小可汗。

⑤ 颉利可汗（579—634）：名咄苾，东突厥最后一任可汗。

太宗谓曰："昔李陵提步卒五千，不免身降匈奴，尚得名书竹帛。卿以三千轻骑，深入虏庭，克复定襄，威振北狄，实古今未有，足报往年渭水之役矣。"以功进封代国公。

此后，颉利可汗大惧，四年，退保铁山[①]，遣使入朝谢罪，请举国内附。又以靖为定襄道行军总管，往迎颉利。颉利虽外请降，而心怀疑贰。诏遣鸿胪卿唐俭、摄户部尚书将军安修仁慰谕之。靖谓副将张公谨曰："诏使到彼，虏必自宽，乃选精骑赍二十日粮，引兵自白道袭之。"

公谨曰："既许其降，诏使在彼，未宜讨击。"

靖曰："此兵机也，时不可失。"遂督军疾进。

行至阴山，遇其斥候千余帐，皆俘以随军。颉利见使者甚悦，不虞官兵至也。靖前锋乘雾而行，去其牙帐七里，颉利始觉，列兵未及成阵，单马轻走，虏众因而溃散。斩万余级，杀其妻隋义成公主，俘男女十余万，斥土界自阴山北至于大漠，遂灭其国。寻获颉利可汗于别部落，余众悉降。

太宗大悦，顾谓侍臣曰："朕闻主忧臣辱，主辱臣死。往者国家草创，突厥强梁，太上皇以百姓之故，称臣于颉利，朕未尝不痛心疾首，志灭匈奴，坐不安席，食不甘味。今者暂动偏师，无往不捷，单于稽颡[②]，耻其雪乎！"群臣皆称万岁。

---

① 铁山：今内蒙古自治区阴山北。

② 稽颡（sǎng）：一种跪拜礼。

寻拜靖光禄大夫、尚书右仆射，赐实封五百户。又为西海道行军大总管，征吐谷浑，大破其国。改封卫国公。及靖身亡，有诏许坟茔制度依汉卫、霍故事，筑阙象突厥内燕然山、吐谷浑内碛石二山，以旌殊绩。

06

虞世南，会稽余姚人也，贞观初，太宗引为上客，因开文馆，馆中号为多士，咸推世南为文学之宗。授以记室，与房玄龄对掌文翰。尝命写《列女传》以装屏风，于时无本，世南暗书之，一无遗失。

贞观七年，累迁秘书监，太宗每机务之隙，引之谈论，共观经史。世南虽容貌懦弱，如不胜衣，而志性抗烈，每论及古先帝王为政得失，必存规讽，多所补益。及高祖晏驾，太宗执丧过礼，哀容毁顇，久替万机，文武百寮，计无所出，世南每入进谏，太宗甚嘉纳之，益所亲礼。

尝谓侍臣曰："朕因暇日，每与虞世南商榷古今，朕有一言之善，世南未尝不悦，有一言之失，未尝不怅恨。其恳诚若此，朕用嘉焉。群臣皆若世南，天下何忧不理？"

太宗尝称世南有五绝：一曰德行，二曰忠直，三曰博学，四曰词藻，五曰书翰。及卒，太宗举哀于别次，哭之甚恸。丧事官给，仍赐以东园秘器[1]，赠礼部尚书，谥曰文懿。

太宗手敕魏王泰曰：

> 虞世南于我，犹一体也。拾遗补阙，无日暂忘，实当代名臣，人伦准的。吾有小善，必将顺而成之；吾有小失，必犯颜而谏之。今其云亡，石渠、东观[2]之中，无复人矣，痛惜岂可言耶！

未几，太宗为诗一篇，追思往古理乱之道，既而叹曰："钟子期死，伯牙不复鼓琴。朕之此篇，将何所示？"因令起居[3]褚遂良诣其灵帐读讫焚之，其悲悼也若此。又令与房玄龄、长孙无忌、杜如晦、李靖等二十四人，图形于凌烟阁。

07

李勣，曹州离狐[4]人也。本姓徐，初仕李密，为左武侯大将军。密后为王世充所破，拥众归国，勣犹据密旧境十郡之地。武

---

① 东园秘器：皇帝赐予的葬具。

② 石渠、东观：汉代官方藏书之所，此处代指相关机构。

③ 起居：唐代在门下省设起居郎，主管记录皇帝言行起居等事。

④ 曹州离狐：今山东东明一带。

德二年，谓长史郭孝恪曰："魏公[1]既归大唐，今此人众土地，魏公所有也。吾若上表献之，则是利主之败，自为己功，以邀富贵，是吾所耻。今宜具录州县及军人户口，总启魏公，听公自献，此则魏公之功也，不亦可乎？"乃遣使启密。

使人初至，高祖闻无表，惟有启与密，甚怪之。使者以勣意闻奏，高祖方大喜曰："徐勣感德推功，实纯臣也。"拜黎州总管，赐姓李氏，附属籍于宗正。封其父盖为济阴王，固辞王爵，乃封舒国公，授散骑常侍。寻加勣右武侯大将军。

及李密反叛伏诛，勣发丧行服，备君臣之礼，表请收葬。高祖遂归其尸。于是大具威仪，三军缟素，葬于黎阳山。礼成，释服而散。朝野义之。寻为窦建德[2]所攻，陷于建德，又自拔归京师。从太宗征王世充、窦建德，平之。贞观元年，拜并州都督，令行禁止，号为称职，突厥甚加畏惮。

太宗谓侍臣曰："隋炀帝不解精选贤良，镇抚边境，惟远筑长城，广屯将士，以备突厥，而情识之惑，一至于此。朕今委任李勣于并州，遂得突厥畏威远遁，塞垣安静，岂不胜数千里长城耶？"其后并州改置大都督府，又以勣为长史，累封英国公。在并州凡十六年，召拜兵部尚书，兼知政事。勣时遇暴疾，验方云须灰可以疗之，太宗自剪须为其和药。勣顿首见血，泣以陈谢。太

---

① 魏公：即李密。

② 窦建德（573—621）：隋末河北起义军领袖，后攻唐兵败，被杀。

宗曰："吾为社稷计耳，不烦深谢。"

十七年，高宗[①]居春宫，转太子詹事，加特进，仍知政事。太宗又尝宴，顾勣曰："朕将属以孤幼，思之无越卿者。公往不遗于李密，今岂负于朕哉！"勣雪涕致辞，因噬指流血。俄沉醉，御服覆之，其见委信如此。勣每行军，用师筹算，临敌应变，动合事机。自贞观以来，讨击突厥、颉利及薛延陀[②]、高丽等，并大破之。

太宗尝曰："李靖、李勣二人，古之韩、白、卫、霍[③]岂能及也！"

08

马周[④]，博州茌平人也。贞观五年至京师，舍于中郎将[⑤]常何之家。时太宗令百官上书言得失，周为何陈便宜[⑥]二十余事，令奏之，事皆合旨。

太宗怪其能，问何，何对曰："此非臣所发意，乃臣家客马

① 高宗：即唐第三任皇帝李治。

② 薛延陀：隋唐时期我国北方游牧民族铁勒一支。

③ 韩、白、卫、霍：即韩信、白起、卫青、霍去病。

④ 马周（601—648）：字宾王，唐初宰相。

⑤ 中郎将：官名。中郎将是太子府属官，掌护卫之职。

⑥ 便宜：指有利于国家百姓之事。

周也。”

太宗即日召之，未至间，凡四度遣使催促。及谒见，与语，甚悦。令直门下省，授监察御史，累除中书舍人。周有机辩，能敷奏①，深识事端②，故动无不中。

太宗尝曰：“我于马周，暂时不见，则便思之。”

十八年，历迁中书令，兼太子左庶子。周既职兼两宫，处事平允，甚获当时之誉。又以本官摄吏部尚书。

太宗尝谓侍臣曰：“周见事敏速，性甚慎至。至于论量人物，直道而言，朕比任使之，多称朕意。既写忠诚，亲附于朕，实藉此人，共康时政也。”

---

① 敷奏：陈奏，向皇帝报告。

② 事端：事情之原由。

第4章　论求谏

01

太宗威容严肃，百僚进见者，皆失其举措。太宗知其若此，每见人奏事，必假颜色，冀闻谏诤[①]，知政教得失。贞观初，尝谓公卿曰：“人欲自照，必须明镜；主欲知过，必藉忠臣。主若自贤，臣不匡正，欲不危败，岂可得乎？故君失其国，臣亦不能独全其家。至于隋炀帝暴虐，臣下钳口，卒令不闻其过，遂至灭亡，虞世基等寻亦诛死。前事不远，公等每看事有不利于人，必须极言规谏。”

---

①　谏诤：直言规劝，使人改正过错。

02

贞观元年。太宗谓侍臣曰："正主任邪臣，不能致理；正臣事邪主，亦不能致理。惟君臣相遇，有同鱼水，则海内可安。朕虽不明，幸诸公数相匡救，冀凭直言鲠议①，致天下太平。"

谏议大夫王珪对曰："臣闻木从绳则正，后从谏则圣。是故古者圣主必有争臣七人，言而不用，则相继以死。陛下开圣虑，纳刍荛，愚臣处不讳之朝，实愿罄其狂瞽②。"

太宗称善，诏令自是宰相入内平章③国计，必使谏官随入，预闻政事。有所开说，必虚己纳之。

03

贞观二年。太宗谓侍臣曰："明主思短而益善，暗主护短而永愚。隋炀帝好自矜夸，护短拒谏，诚亦实难犯忤。虞世基不敢直言，或恐未为深罪。昔箕子④佯狂自全，孔子亦称其仁。及炀帝被

---

① 鲠（gěng）议：刚直的议论。

② 罄其狂瞽（gǔ）：把愚昧之见都说出来，含自谦之意。罄，尽；狂瞽，愚昧无知。

③ 平章：共商国家大事。

④ 箕子：名胥余，殷纣王叔父。纣王骄奢淫逸，箕子劝谏而不听，于是箕子披发装疯，以保性命。

杀，世基合同死否？”

杜如晦对曰：“天子有诤臣，虽无道不失其天下。仲尼称：‘直哉史鱼[①]，邦有道如矢，邦无道如矢。’世基岂得以炀帝无道，不纳谏诤，遂杜口无言？偷安重位，又不能辞职请退，则与箕子佯狂而去，事理不同。昔晋惠帝贾后[②]将废愍怀太子[③]，司空张华[④]竟不能苦争，阿意苟免。及赵王伦[⑤]举兵废后，遣使收华。华曰：‘将废太子日，非是无言，当不被纳用。’其使曰：‘公为三公，太子无罪被废，言既不从，何不引身而退？’华无辞以答，遂斩之，夷其三族。古人有云：‘危而不持，颠而不扶，则将焉用彼相？’故‘君子临大节而不可夺也’。张华既抗直不能成节，逊言不足全身，王臣之节固已坠矣。虞世基位居宰辅，在得言之地，竟无一言谏诤，诚亦合死。”

太宗曰：“公言是也。人君必须忠良辅弼，乃得身安国宁。炀帝岂不以下无忠臣，身不闻过，恶积祸盈，灭亡斯及。若人主所行不当，臣下又无匡谏，苟在阿顺，事皆称美，则君为暗主，臣为谀臣，君暗臣谀，危亡不远。朕今志在君臣上下，各尽至公，

---

① 史鱼：名佗，字子鱼，也叫“史鳅”，春秋时卫国大夫，以耿直敢言著称。

② 贾后：即贾南风，贾充之女，晋惠帝司马衷的皇后。因惠帝无能，贾后专权。

③ 愍（mǐn）怀太子：即司马遹。司马炎之孙，司马衷之子。

④ 张华（232—300）：字茂先，西晋文学家，政治家，张良十六世孙。

⑤ 赵王伦：即司马伦，字子彝，司马懿第九子，晋武帝司马炎的叔叔，八王之乱参与者之一。

共相切磋，以成理道。公等各宜务尽忠谠，匡救朕恶，终不以直言忤意，辄相责怒。”

04

贞观三年。太宗谓司空裴寂[①]曰：“比[②]有上书奏事，条数甚多，朕总黏之屋壁，出入观省。所以孜孜不倦者，欲尽臣下之情。每一思政理，或三更方寝。亦望公辈用心不倦，以副朕怀也。”

05

贞观五年。太宗谓房玄龄等曰：“自古帝王多任情喜怒，喜则滥赏无功，怒则滥杀无罪。是以天下丧乱，莫不由此。朕今夙夜未尝不以此为心，恒欲公等尽情极谏。公等亦须受人谏语，岂得以人言不同己意，便即护短不纳？若不能受谏，安能谏人？”

贞观六年。太宗以御史大夫韦挺[③]、中书侍郎杜正伦[④]、秘

---

① 裴寂（570—632）：字玄真，唐开国功臣，也是唐第一位宰相。

② 比：近来。

③ 韦挺（589—646）：字号不详，少时与李建成交好，太宗继位，历任尚书右丞、刑部尚书等。

④ 杜正伦（？—658）：隋朝时秀才，入秦王李世民文学馆，唐太宗时曾一度拜相，后被诬结党，遭贬病逝。

书少监虞世南、著作郎姚思廉[①]等上封事称旨，召而谓曰："朕历观自古人臣立忠之事，若值明主，便宜尽诚规谏，至如龙逄、比干，不免孥戮[②]。为君不易，为臣极难。朕又闻龙可扰而驯，然喉下有逆鳞，卿等遂不避犯触，各进封事。常能如此，朕岂虑宗社之倾败！每思卿等此意，不能暂忘，故设宴为乐。"仍赐绢有差。

06

太常卿韦挺尝上疏陈得失，太宗赐书曰：

所上意见，极是谠言，辞理可观，甚以为慰。昔齐境之难，夷吾有射钩之罪；蒲城之役，勃鞮[③]为斩袂之仇。而小白不以为疑，重耳待之若旧。岂非各吠非主，志在无二？卿之深诚，见于斯矣。若能克全此节，则永保令名；如其怠之，可不惜也。勉励终始，垂范将来，当使后之视今，亦犹今之视古，不亦美乎？朕比不闻其

① 姚思廉（557—637）：字简之，唐初史学家，和魏徵同修《梁书》《陈书》。官至散骑常侍。

② 孥戮：诛及子孙。

③ 勃鞮（dī）：春秋时晋国宦官。曾奉晋献公之命两次追杀重耳，后重耳成为晋文公，其密告吕省、郤芮谋反事，仍得到重用。

过，未睹其阙[①]，赖竭忠恳，数进嘉言，用沃朕怀，一何可道！

07

贞观八年。太宗谓侍臣曰："朕每闲居静坐，则自内省。恒恐上不称天心，下为百姓所怨。但思正人匡谏，欲令耳目外通，下无怨滞。又比见人来奏事者，多有怖慴，言语致失次第。寻常奏事，情犹如此，况欲谏诤，必当畏犯逆鳞。所以每有谏者，纵不合朕心，朕亦不以为忤。若即嗔责，深恐人怀战惧，岂肯更言！"

08

贞观十五年。太宗问魏徵曰："比来朝臣都不论事，何也？"

徵对曰："陛下虚心采纳，诚宜有言者。然古人云：'未信而谏，则以为谤己；信而不谏，则谓之尸禄[②]。'但人之才器，各有不同。懦弱之人，怀忠直而不能言；疏远之人，恐不信而不得言；怀禄之人，虑不便身而不敢言。所以相与缄默，俯仰过日。"

太宗曰："诚如卿言。朕每思之，人臣欲谏，辄惧死亡之祸，

---

① 阙：过错。

② 尸禄：即尸位素餐。

与夫赴鼎镬、冒白刃，亦何异哉？故忠贞之臣，非不欲竭诚。竭诚者，乃是极难。所以禹拜昌言，岂不为此也！朕今开怀抱，纳谏诤。卿等无劳怖惧，遂不极言。”

09

贞观十六年。太宗谓房玄龄等曰：“自知者明，信为难矣！如属文[①]之士，伎巧之徒，皆自谓己长，他人不及。若名工文匠，商略诋诃[②]，芜词拙迹，于是乃见。由是言之，人君须得匡谏之臣，举其愆过。一日万机，一人听断，虽复忧劳，安能尽善？常念魏徵随事谏正，多中朕失，如明镜鉴形，美恶必见。”因举觞赐玄龄等数人勖[③]之。

10

贞观十七年。太宗问谏议大夫褚遂良曰：“昔舜造漆器，禹雕其俎[④]，当时谏者十有余人。食器之间，何须苦谏？”

---

① 属（zhǔ）文：撰写文章。

② 商略诋诃：商讨与诋毁。

③ 勖（xù）：勉励。

④ 俎（zǔ）：古代盛祭品的器具。

遂良对曰："雕琢害农事，纂组[1]伤女工。首创奢淫，危亡之渐。漆器不已，必金为之。金器不已，必玉为之。所以诤臣必谏其渐，及其满盈，无所复谏。"

太宗曰："卿言是矣。朕所为事，若有不当，或在其渐，或已将终，皆宜进谏。比见前史，或有人臣谏事，遂答云'业已为之'，或道'业已许之'，竟不为停改。此则危亡之祸，可反手而待也。"

① 纂组：赤色绶带，泛指精美的织锦。

第5章　论纳谏

01

贞观初。太宗与黄门侍郎王珪宴语，时有美人侍侧。本庐江王瑗[①]之姬也，瑗败，籍没入宫。太宗指示珪曰："庐江不道，贼杀其夫而纳其室。暴虐之甚，何有不亡者乎！"

珪避席曰："陛下以庐江取之为是邪，为非邪？"

太宗曰："安有杀人而取其妻？卿乃问朕是非，何也？"

珪对曰："臣闻于《管子》曰：齐桓公之郭国[②]，问其父老[③]曰：'郭何故亡？'父老曰：'以其善善而恶恶也。'桓公曰：'若子之言，乃贤君也，何至于亡？'父老曰：'不然。郭君善善而不能用，

---

① 庐江王瑗：即李瑗（586—626），字德圭。唐高祖李渊之侄，武德初封庐江王，后反叛被废为庶人。

② 郭国：春秋时小国，在今山东聊城一带。

③ 父老：古时指管理乡村公共事务之人，因多由年长者充之，故称。

恶恶而不能去，所以亡也。’今此妇人尚在左右，臣窃以为圣心是之，陛下若以为非，所谓知恶而不去也。”

太宗大悦，称为至善，遽令以美人还其亲族。

02

贞观四年。诏发卒修洛阳宫之乾元殿以备巡狩。给事中张玄素[①]上书谏曰：

> 陛下智周万物，囊括四海。令之所行，何往不应？志之所欲，何事不从？微臣窃思秦始皇之为君也，藉周室之余，因六国之盛，将贻之万叶，及其子而亡，谅[②]由逞嗜奔欲，逆天害人者也。是知天下不可以力胜，神祇不可以亲恃。惟当弘俭约，薄赋敛，慎终始，可以永固。
>
> 方今承百王之末，属凋弊之余，必欲节之以礼制，陛下宜以身为先。东都未有幸期，即令补葺，诸王今并出藩，又须营构。兴发数多，岂疲人之所望？其不可一

① 张玄素：即张朴，敢言直谏，以清廉著称，任东宫少詹事兼右庶子，后因太子行恶无德被废，受到牵连。

② 谅：本义为诚实，信实。这里引申为确实意。

也。陛下初平东都之始，层楼广殿，皆令撤毁，天下翕然，同心倾仰。岂有初则恶其侈靡，今乃袭其雕丽？其不可二也。每承音旨，未即巡幸，此乃事不急之务，成虚费之劳。国无兼年之积，何用两都之好？劳役过度，怨讟将起。其不可三也。百姓承乱离之后，财力凋尽，天恩含育，粗见存立，饥寒犹切，生计未安，三五年间，未能复旧。奈何营未幸之都而夺疲人之力？其不可四也。昔汉高祖将都洛阳，娄敬[①]一言，即日西驾。岂不知地惟土中，贡赋所均，但以形胜不如关内也！伏惟陛下化凋弊之人，革浇漓之俗[②]，为日尚浅，未甚淳和，斟酌事宜，讵[③]可东幸？其不可五也。

臣尝见隋室初造此殿，楹栋宏壮，大木非近道所有，多自豫章采来，二千人拽一柱，其下施毂，皆以生铁为之，中间若用木轮，动即火出。略计一柱，已用数十万，则余费又过倍于此。臣闻阿房成，秦人散；章华[④]就，楚众离；乾元[⑤]毕工，隋人解体。且以陛下今时功力，何如

---

① 娄敬：生卒年不详，刘邦重要谋士之一，后刘邦称帝赐姓，改名刘敬。

② 浇漓之俗：指社会不正之风俗。

③ 讵：岂，怎，用于表示反问。

④ 章华：即楚灵王修建的巨型宫殿章华宫，又称章华台，被誉为当时的“天下第一台”，后毁于战乱。

⑤ 乾元：即隋炀帝修建的豪华宫殿乾元殿，后毁于隋末兵燹。

隋日？承凋残之后，役疮痍之人，费亿万之功，袭百王之弊，以此言之，恐甚于炀帝远矣。深愿陛下思之，无为由余[①]所笑，则天下幸甚矣。

太宗谓玄素曰：“卿以我不如炀帝，何如桀、纣？”

对曰：“若此殿卒兴，所谓同归于乱。”

太宗叹曰：“我不思量，遂至于此。”

顾谓房玄龄曰：“今玄素上表，洛阳实亦未宜修造，后必事理须行，露坐亦复何苦？所有作役，宜即停之。然以卑干尊，古来不易，非其忠直，安能如此？且众人之唯唯，不如一士之谔谔[②]。可赐绢五百匹。”

魏徵叹曰：“张公遂有回天之力，可谓仁人之言，其利博哉！”

03

太宗有一骏马，特爱之，恒于宫中养饲，无病而暴死。太宗怒养马宫人，将杀之。

---

① 由余：姬姓，字怀忠，春秋时晋国人，助秦穆公成为春秋五霸之一。

② 谔谔（è）：直言争辩貌。

皇后[1]谏曰：

昔齐景公[2]以马死杀人，晏子请数其罪云："尔养马而死，尔罪一也；使公以马杀人，百姓闻之，必怨吾君，尔罪二也；诸侯闻之，必轻吾国，尔罪三也。"公乃释罪。陛下尝读书见此事，岂忘之邪？

太宗意乃解。

又谓房玄龄曰："皇后庶事相启沃，极有利益尔。"

04

贞观七年。太宗将幸九成宫[3]，散骑常侍姚思廉进谏曰："陛下高居紫极，宁济苍生，应须以欲从人，不可以人从欲。然则离宫游幸，此秦皇、汉武之事，故非尧、舜、禹、汤之所为也。"言甚切至。

太宗谕之曰：

---

① 皇后：指长孙皇后，小字观音婢，13岁嫁李世民，册正妃，有贤德，薨时36岁，史称"千古贤后"。

② 齐景公：春秋时齐国国君，名杵臼。

③ 九成宫：即隋朝仁寿宫，位于今陕西天台山。

朕有气疾[①]，热便顿剧，故非情好游幸。甚嘉卿意。

因赐帛五十段。

05

贞观三年。李大亮[②]为凉州都督，尝有台使[③]至州境，见有名鹰，讽[④]大亮献之。大亮密表曰：

陛下久绝畋猎，而使者求鹰。若是陛下之意，深乖昔旨；如其自擅，便是使非其人。

太宗下书曰：

以卿兼资文武，志怀贞确，故委藩牧，当兹重寄。比在州镇，声绩远彰，念此忠勤，岂忘寤寐？使遣献

① 气疾：呼吸系统的疾病。

② 李大亮（586—645）：唐开国功臣，文武双全。贞观十九年（644）病逝，谥号懿，陪葬昭陵。

③ 台使：指朝廷的使者。

④ 讽：委婉建议。

鹰，遂不曲顺，论今引古，远献直言。披露腹心，非常恳到，览用嘉叹，不能已已。有臣若此，朕复何忧！宜守此诚，终始若一。《诗》云：“靖恭尔位，好是正直。神之听之，介尔景福。”古人称一言之重，侔于千金。卿之所言，深足贵矣。今赐卿金壶瓶、金碗各一枚，虽无千镒之重，是朕自用之物。卿立志方直，竭节至公。处职当官，每副所委，方大任使，以申重寄。公事之闲，宜观典籍。兼赐卿荀悦[①]《汉纪》一部，此书叙致简要，论议深博，极为政之体，尽君臣之义，今以赐卿，宜加寻阅。

06

贞观八年。陕县[②]丞皇甫德参上书忤旨，太宗以为讪谤。侍中魏徵进言曰：“昔贾谊当汉文帝上书云云‘可为痛哭者一，可为长叹息者六’。自古上书，率多激切。若不激切，则不能起人主之心。激切即似讪谤，惟陛下详其可否。”

太宗曰：“非公无能道此者。”

---

① 荀悦（148—209）：字仲豫，东汉末年政论家、史学家。汉献帝因《汉书》繁重难读，命他用编年体改写，于是依《左传》体裁，撰成《汉纪》一书。

② 陕县：今河南陕县。

令赐德参帛二十段。

07

贞观十五年。遣使诣西域立叶护可汗[①]，未还，又令人多赍金帛，历诸国市马。魏徵谏曰："今发使以立可汗为名，可汗未定立，即诣诸国市马，彼必以为意在市马，不为专立可汗。可汗得立，则不甚怀恩；不得立，则生深怨。诸蕃闻之，且不重中国。但使彼国安宁，则诸国之马，不求自至。昔汉文帝有献千里马者，曰：'吾吉行[②]日三十，凶行[③]日五十，鸾舆在前，属车在后，吾独乘千里马，将安之乎？'乃偿其道里所费而返之。又光武有献千里马及宝剑者，马以驾鼓车，剑以赐骑士。今陛下凡所施为，皆邈过三王之上，奈何至此欲为孝文、光武之下乎？又魏文帝求市西域大珠，苏则[④]曰：'若陛下惠及四海，则不求自至，求而得之，不足贵也。'陛下纵不能慕汉文之高行，可不畏苏则之正言耶？"

太宗遽令止之。

---

① 叶护可汗：叶护，突厥官名，职位仅次于可汗，为一个大部族中的分部长。

② 吉行：为吉事而行，指皇帝巡行祭祀等重大活动。

③ 凶行：军行，指行兵打仗。

④ 苏则（？—223）：字文师，曹魏大臣，不畏权贵，敢于直谏。

08

贞观十七年。太子右庶子高季辅[①]上疏陈得失。特赐钟乳一剂，谓曰："卿进药石之言，故以药石相报。"

09

贞观十八年。太宗谓长孙无忌等曰："夫人臣之对帝王，多顺从而不逆，甘言以取容。朕今发问，不得有隐，宜以次言朕过失。"

长孙无忌、唐俭等皆曰："陛下圣化道致太平，以臣观之，不见其失。"

黄门侍郎刘洎[②]对曰："陛下拨乱创业，实功高万古，诚如无忌等言。然顷有人上书，辞理不称者，或对面穷诘，无不惭退。恐非奖进言者。"

太宗曰："此言是也，当为卿改之。"

---

① 高季辅（596—654）：名冯（píng），字季辅，唐初宰相。

② 刘洎（jì）：字思道，敢于谏诤，遭褚遂良诬陷被杀。

10

太宗尝怒苑西监[①]穆裕，命于朝堂斩之。时高宗为皇太子，遽犯颜进谏，太宗意乃解。

司徒长孙无忌曰："自古太子之谏，或乘间从容而言。今陛下发天威之怒，太子申犯颜之谏，诚古今未有。"

太宗曰："夫人久相与处，自然染习。自朕御天下，虚心正直，即有魏徵朝夕进谏。自徵云亡，刘洎、岑文本[②]、马周、褚遂良等继之。皇太子幼在朕膝前，每见朕心说谏者，因染以成性，故有今日之谏。"

① 苑西监：唐时掌管宫苑之职。

② 岑文本（595—645）：字景仁，唐朝宰相、文学家，参与撰写《周书》。

第三卷

第6章　论君臣鉴戒

01

贞观三年。太宗谓侍臣曰：“君臣本同治乱，共安危，若主纳忠谏，臣进直言，斯故君臣合契，古来所重。若君自贤，臣不匡正，欲不危亡，不可得也。君失其国，臣亦不能独全其家。至如隋炀帝暴虐，臣下钳口，卒令不闻其过，遂至灭亡。虞世基等，寻亦诛死。前事不远，朕与卿等可得不慎，无为后所嗤！”

02

贞观四年。太宗论隋日，魏徵对曰：“臣往在隋朝，曾闻有盗发，炀帝令於士澄捕逐，但有疑似，苦加拷掠，枉承贼者二千余人，并令同日斩决。大理丞张元济怪之，试寻其状。乃有六七人，盗发之日，先禁他所，被放才出，亦遭推勘[①]，不胜苦痛，自诬行盗。元济因此更事究寻，二千人内惟九人逗遛不明。官人有谙识者，就九人内四人非贼。有司以炀帝已令斩决，遂不执奏，并杀之。”

太宗曰：“非是炀帝无道，臣下亦不尽心，须相匡谏，不避诛戮，岂得惟行谄佞，苟求悦誉？君臣如此，何得不败？朕赖公等共相辅佐，遂令囹圄空虚，愿公等善始克终，恒如今日！”

03

贞观六年。太宗谓侍臣曰：“朕闻周、秦初得天下，其事不异。然周则惟善是务，积功累德，所以能保八百之基。秦乃恣其奢淫，好行刑罚，不过二世而灭。岂非为善者福祚延长，为恶者降年不永[②]？朕又闻桀、纣，帝王也，以匹夫比之，则以为辱。颜、闵[③]匹夫也，以帝王比之，则以为荣。此亦帝王深耻也。朕每将此事以为鉴戒，常恐不逮，为人所笑。”

魏徵对曰：“臣闻鲁哀公谓孔子曰：‘有人好忘者，移宅乃忘其妻。’孔子曰：‘又有好忘甚于此者，丘见桀、纣之君乃忘其

① 推勘：审问。

② 降年不永：上天赐予人的寿命不能长久。

③ 颜、闵：即孔子弟子颜回和闵损。

身。’愿陛下每以此为虑，庶免后人笑尔！”

04

贞观十四年。太宗以高昌[①]平，召侍臣赐宴于两仪殿。谓房玄龄曰：“高昌若不失臣礼，岂至灭亡？朕平此一国，甚怀危惧，惟当戒骄逸以自防，纳忠謇以自正。黜邪佞，用贤良，不以小人之言而议君子。以此慎守，庶几于获安也。”

魏徵进曰：“臣观古来帝王拨乱创业，必自戒慎，采刍荛之议，从忠谠之言。天下既安，则恣情肆欲，甘乐谄谀，恶闻正谏。张子房，汉王计画之臣，及高祖为天子，将废嫡立庶。子房曰：‘今日之事，非口舌所能争也。’终不敢复有开说。况陛下功德之盛，以汉祖方之，彼不足准。即位十有五年，圣德光被。今又平殄高昌，屡以安危系意，方欲纳用忠良，开直言之路，天下幸甚。昔齐桓公与管仲、鲍叔牙、宁戚[②]四人饮，桓公谓叔牙曰：‘盍起为寡人寿乎？’叔牙奉觞而起曰：‘愿公无忘出而在莒时，使管仲无忘束缚于鲁时，使宁戚无忘饭牛车下时。’桓公避席而谢曰：‘寡人与二大夫能无忘夫子之言，则社稷不危矣！’”

---

① 高昌：西域古国名。

② 宁戚：卫国人，春秋时齐国大夫，出身贫穷，以赶车喂牛为生。但他胸有大志，后被齐桓公重用。

太宗谓徵曰："朕必不敢忘布衣时，公不得忘叔牙之为人也。"

05

贞观十四年。特进魏徵上疏曰：

臣闻君为元首，臣作股肱，齐契同心，合而成体，体或不备，未有成人。然则首虽尊高，必资手足以成体。君虽明哲，必藉股肱以致理。《礼》云："人以君为心，君以人为体，心庄则体舒，心肃则容敬。"《书》云："元首明哉，股肱良哉，庶事康哉。""元首丛脞[①]哉，股肱惰哉，万事堕哉。"然则委弃股肱，独任胸臆，具体成理，非所闻也。

夫君臣相遇，自古为难。以石投水，千载一合，以水投石，无时不有。其能开至公之道，申天下之用，内尽心膂[②]，外竭股肱，和若盐梅[③]，固同金石者，非惟高位厚秩，在于礼之而已。昔周文王游于凤凰之墟，

---

① 丛脞：细碎而无雄才大略。

② 心膂：心思与精力。

③ 和若盐梅：比喻君臣关系融洽。盐、梅在古代皆是调味品。

袜系解，顾左右莫可使者，乃自结之。岂周文之朝尽为俊乂[①]，圣明之代独无君子者哉？但知与不知，礼与不礼耳！是以伊尹，有莘之媵臣[②]，韩信，项氏之亡命，殷汤致礼，定王业于南巢，汉祖登坛，成帝功于垓下。若夏桀不弃于伊尹，项羽垂恩于韩信，宁肯败已成之国为灭亡之虏乎？又微子，骨肉也，受茅土于宋，箕子，良臣也，陈《洪范》于周。仲尼称其仁，莫有非之者。《礼记》称：鲁穆公问于子思曰："为旧君反服，古欤？"子思曰："古之君子，进人以礼，退人以礼，故有旧君反服之礼也。今之君子，进人若将加诸膝，退人若将队诸泉。毋为戎首，不亦善乎，又何反服之礼之有？"齐景公问于晏子曰："忠臣之事君如之何？"晏子对曰："有难不死，出亡不送。"公曰："裂地以封之，疏爵而待之，有难不死，出亡不送，何也？"晏子曰："言而见用，终身无难，臣何死焉？谏而见纳，终身不亡，臣何送焉？若言不见用，有难而死，是妄死也。谏不见纳，出亡而送，是诈忠也。"《春秋左氏传》曰："崔杼[③]弑齐庄公，晏子立于崔氏之门外，其人曰：'死

---

① 俊乂：有才德者。

② 有莘之媵臣：有莘，古国名，在今河南开封陈留东。媵臣，陪嫁之臣。

③ 崔杼：春秋时齐国大夫。

乎？’曰：‘独吾君也乎哉！吾死也？’曰：‘行乎？’曰：‘吾罪也乎哉！吾亡也？故君为社稷死，则死之，为社稷亡，则亡之。若为己死，为己亡，非其亲昵，谁敢任之。’门启而入，枕尸股而哭，兴，三踊而出。”孟子曰：“君视臣如手足，臣视君如腹心；君视臣如犬马，臣视君如国人；君视臣如粪土，臣视君如寇仇雠。”虽臣之事君无二志，至于去就之节，当缘恩之厚薄，然则为人主者，安可以无礼于下哉？

窃观在朝群臣，当主枢机之寄者，或地邻秦、晋，或业与经纶，并立事立功，皆一时之选，处之衡轴[①]，为任重矣。任之虽重，信之未笃，则人或自疑。人或自疑，则心怀苟且。心怀苟且，则节义不立。节义不立，则名教不兴。名教不兴而可与固太平之基、保七百之祚，未之有也。又闻国家重惜功臣，不念旧恶，方之前圣，一无所间。然但宽于大事，急于小罪，临时责怒，未免爱憎之心，不可以为政。君严其禁，臣或犯之，况上启其源，下必有甚，川壅而溃，其伤必多，欲使凡百黎元，何所措其手足！此则君开一源，下生百端之变，无不乱者也。《礼记》曰：“爱而知其恶，憎而知其

---

① 衡轴：指重要职位，中枢之职。

善。”若憎而不知其善，则为善者必惧。爱而不知其恶，则为恶者实繁。《诗》曰：“君子如怒，乱庶遄沮。”[①]然则古人之震怒，将以惩恶，当今之威罚，所以长奸。此非唐、虞之心也，非禹、汤之事也。《书》曰：“抚我则后[②]，虐我则雠。”荀卿子曰：“君，舟也。民，水也。水所以载舟，亦所以覆舟。”故孔子曰：“鱼失水则死，水失鱼犹为水也。”故唐、虞战战栗栗，日慎一日。安可不深思之乎？安可不熟虑之乎？

夫委大臣以大体，责小臣以小事，为国之常也，为理之道也。今委之以职，则重大臣而轻小臣；至于有事，则信小臣而疑大臣。信其所轻，疑其所重，将求至理，岂可得乎？又政贵有恒，不求屡易。今或责小臣以大体，或责大臣以小事；小臣乘非所据，大臣失其所守；大臣或以小过获罪，小臣或以大体受罚。职非其位，罚非其辜，欲其无私，求其尽力，不亦难乎？小臣不可委以大事，大臣不可责以小罪。任以大官，求其细过，刀笔之吏，顺旨承风，舞文弄法，曲成其罪。自陈也，则以为心不伏辜；不言也，则以为所犯皆实。进退惟谷，莫能自明，则苟求免祸。大臣苟免，则谲诈萌生；谲诈萌生，则矫伪成俗；矫

① 君子如怒，乱庶遄沮：即君子闻谗言而发怒，祸乱就会迅速止住。

② 后：君主称谓，始于夏朝。

伪成俗，则不可以臻至理矣。

又委任大臣，欲其尽力，每官有所避忌不言，则为不尽。若举得其人，何嫌于故旧；若举非其任，何贵于疏远。待之不尽诚信，何以责其忠恕哉！臣虽或有失之，君亦未为得也。夫上之不信于下，必以为下无可信矣。若必下无可信，则上亦有可疑矣！《礼》曰："上人疑则百姓惑，下难知则君长劳。"上下相疑，则不可以言至理矣。当今群臣之内，远在一方，流言三至而不投杼[①]者，臣窃思度，未见其人。夫以四海之广，士庶之众，岂无一二可信之人哉？盖信之则无不可，疑之则无可信者，岂独臣之过乎？夫以一介庸夫结为交友，以身相许，死且不渝，况君臣契合，寄同鱼水。若君为尧、舜，臣为稷、契[②]，岂有遇小事则变志，见小利则易心哉！此虽下之立忠未有明著，亦由上怀不信，待之过薄之所致也。岂"君使臣以礼，臣事君以忠"乎？以陛下之圣明，以当今之功业，诚能博求时俊，上下同心，则三皇可追而四，五帝可俯而六矣。夏、殷、周、汉，夫何足数！

---

① 投杼：投掷织布用的梭子。比喻谣言众多，足以动摇人心。

② 稷、契：稷，姬姓，名弃，传说为周之始祖，掌农事。契，传说为商之始祖，曾助禹治水有功，掌教化。

太宗深嘉纳之。

06

贞观十六年。太宗问特进魏徵曰："朕克己为政，仰企前烈。至于积德、累仁、丰功、厚利，四者常以为称首，朕皆庶几自勉。人苦不能自见，不知朕之所行，何等优劣？"

徵对曰："德、仁、功、利，陛下兼而行之。然则内平祸乱，外除戎狄，是陛下之功。安诸黎元，各有生业，是陛下之利。由此言之，功利居多，惟德与仁，愿陛下自强不息，必可致也。"

07

贞观十七年。太宗谓侍臣曰："自古草创之主，至于子孙多乱，何也？"

司空房玄龄曰："此为幼主生长深宫，少居富贵，未尝识人间情伪，理国安危，所以为政多乱。"

太宗曰："公意推过于主，朕则归咎于臣。夫功臣子弟多无才行，藉祖父资荫遂处大官，德义不修，奢纵是好。主既幼弱，臣又不才，颠而不扶，岂能无乱？隋炀帝录宇文述在藩之功，擢化及于高位，不思报效，翻行弑逆。此非臣下之过欤？朕发此言，欲公等戒勖子弟，使无愆过，即家国之庆也。”

太宗又曰：“化及与玄感，即隋大臣受恩深者子孙，皆反，其故何也？”

岑文本对曰：“君子乃能怀德，荷恩，玄感、化及之徒，并小人也。古人所以贵君子而贱小人。”

太宗曰：“然。”

第7章　论择官

01

贞观元年。太宗谓房玄龄等曰：“致理之本，惟在于审。量才授职，务省官员。故《书》称：‘任官惟贤才。’又云：‘官不必备，惟其人。’若得其善者，虽少亦足矣。其不善者，纵多亦奚为？古人亦以官不得其才，比于画地作饼，不可食也。《诗》曰：‘谋夫孔多，是用不就。’又孔子曰：‘官事不摄[①]，焉得俭？’且‘千羊之皮，不如一狐之腋。’此皆载在经典，不能具道。当须更并省官员，使得各当所任，则无为而理矣。卿宜详思此理，量定庶官员位。”玄龄等由是所置文武总六百四十员。

太宗从之，因谓玄龄曰：“自此傥有乐工杂类，假使术逾侪辈

① 摄：代理，兼任。

者，只可特赐钱帛以赏其能，必不可超授官爵，与夫朝贤君子比肩而立，同坐而食，遣诸衣冠[①]以为耻累。”

02

贞观二年。太宗谓房玄龄、杜如晦曰：“公为仆射，当助朕忧劳，广闻耳目，求访贤哲。比闻公等听受辞讼，日有数百。此则读符牒不暇，安能助朕求贤哉？”

因敕尚书省，细碎务皆付左右丞，惟冤滞大事合闻奏者，关于仆射。

03

贞观二年。太宗谓侍臣曰：“朕每夜恒思百姓间事，或至夜半不寐，惟恐都督、刺史堪养百姓与否。故于屏风上录其姓名，坐卧恒看。在官如有善事，亦具列于名下。朕居深宫之中，视听不能及远，所委者惟都督、刺史，此辈实理乱所系，尤须得人。”

① 衣冠：借指官员、士大夫等有身份地位之人。

04

贞观二年。太宗谓右仆射封德彝曰："致安之本，惟在得人。比来命卿举贤，未尝有所推荐。天下事重，卿宜分朕忧劳，卿既不言，朕将安寄？"

对曰："臣愚岂敢不尽情，但今未见有奇才异能。"

太宗曰："前代明王使人如器，皆取士于当时，不借才于异代。岂得待梦傅说[1]，逢吕尚然后为政乎？且何代无贤，但患遗而不知耳！"

德彝惭赧而退。

05

贞观三年。太宗谓吏部尚书杜如晦曰："比见吏部择人，惟取其言词刀笔，不悉其景行[2]。数年之后，恶迹始彰，虽加刑戮，而百姓已受其弊。如何可获善人？"

如晦对曰："两汉取人，皆行著乡闾，州郡贡之，然后入用，

---

① 傅说（yuè）：殷商时期杰出政治家，辅佐高宗武丁开创"武丁中兴"，被尊为"圣人"。"知之非艰，行之惟艰"即出自其口。

② 景行：本义是大路，比喻行为正大光明，后多指一个人的品德之高尚。语出《诗经·小雅·车辖》："高山仰止，景行行止。"

故当时号为多士。今每年选集，向数千人，厚貌饰词，不可知悉，选司但配其阶品而已。铨简[①]之理，实所未精，所以不能得才。”

太宗乃将依汉时法，令本州辟召，会功臣等将行世封事，遂止。

06

贞观六年。太宗谓魏徵曰：“古人云，王者须为官择人，不可造次即用。朕今行一事，则为天下所观；出一言，则为天下所听。用得正人，为善者皆劝；误用恶人，不善者竞进。赏当其劳，无功者自退；罚当其罪，为恶者戒惧。故知赏罚不可轻行，用人弥须慎择。”

徵对曰：“知人之事，自古为难，故考绩黜陟[②]，察其善恶。今欲求人，必须审访其行。若知其善，然后用之。设令此人不能济事，只是才力不及，不为大害。误用恶人，假令强干，为患极多。但乱代惟求其才，不顾其行。太平之时，必须才行俱兼，始可任用。”

---

① 铨简：评量选拔。

② 黜陟：指人才的进退，官吏的升降。

07

贞观十一年。侍御史马周上疏曰：

治天下者，以人为本。欲令百姓安乐，惟在刺史、县令。县令既众，不可皆贤，若每州得良刺史，则合境苏息。天下刺史悉称圣意，则陛下可端拱岩廊之上，百姓不虑不安。自古郡守、县令皆妙选贤德，欲有迁擢为将相，必先试以临人，或从二千石[①]入为丞相及司徒、太尉者。朝廷必不可独重内臣，外刺史、县令，遂轻其选。所以百姓未安，殆由于此。

太宗因谓侍臣曰："刺史，朕当自简择；县令，诏京官五品已上，各举一人。"

08

贞观十一年。治书侍御史刘洎以为左右丞宜特加精简，上

① 二千石：郡守的俸禄为二千石，故称。

疏曰：

臣闻尚书万机，实为政本，伏寻此选，授任诚难。是以八座比于文昌，二丞方于管辖，爰至曹郎，上应列宿，苟非称职，窃位兴讥。伏见比来尚书省诏敕稽停，文案壅滞。臣诚庸劣，请述其源。

贞观之初，未有令、仆，于时省务繁杂，倍多于今。而左丞戴胄，右丞魏徵，并晓达吏方，质性平直，事应弹举，无所回避。陛下又假以恩慈，自然肃物。百司匪懈，抑此之由。及杜正伦续任右丞，颇亦厉下。比者纲维不举，并为勋亲在位，器非其任，功势相倾。凡在官寮，未循公道，虽欲自强，先惧嚣谤。所以郎中予夺，惟事咨禀；尚书依违[①]，不能断决。或纠弹闻奏，故事稽延，案虽理穷，仍更盘下。去无程限，来不责迟，一经出手，便涉年载。或希旨失情，或避嫌抑理。勾司以案成为事了，不究是非；尚书用便僻[②]为奉公，莫论当否。互相姑息，惟事弥缝。且选众授能，非才莫举，天工人代，焉可妄加？至于懿戚元勋，但宜优其礼秩，或年高及耄，或积病智昏，既无益于时宜，当置之以闲

① 依违：犹豫不决，迟疑。

② 便僻：阿谀逢迎。

逸。久妨贤路，殊为不可。

将救兹弊，且宜精简。尚书左右丞及左右郎中，如并得人，自然纲维备举，亦当矫正趋竞，岂惟息其稽滞哉！

疏奏。寻以洎为尚书左丞。

09

贞观十三年。太宗谓侍臣曰："朕闻太平后必有大乱，大乱后必有太平。大乱之后，即是太平之运也。能安天下者，惟在用得贤才。公等既不能知贤，朕又不可遍识，日复一日，无得人之理。今欲令人自举，于事何如？"

魏徵对曰："知人者智，自知者明。知人既以为难，自知诚亦不易。且愚暗之人，皆矜能伐善，恐长浇竞之风，不可令其自举。"

10

贞观十四年。特进魏徵上疏曰：

臣闻知臣莫若君，知子莫若父。父不能知其子，则无以睦一家；君不能知其臣，则无以齐万国。万国咸宁，一人有庆，必藉忠良作弼，俊乂在官，则庶绩其凝，无为而化矣。故尧、舜、文、武见称前载，咸以知人则哲，多士盈朝，元、凯[①]翼巍巍之功，周、召光焕乎之美。然则四岳、九官、五臣、十乱[②]，岂惟生之于曩代而独无于当今者哉？在乎求与不求，好与不好耳！何以言之？夫美玉明珠，孔翠犀象，大宛之马，西旅之獒，或无足也，或无情也，生于八荒之表，途遥万里之外，重译入贡，道路不绝者，何哉？盖由乎中国之所好也。况从仕者，怀君之荣，食君之禄，率之以义，将何往而不至哉？臣以为与之为孝，则可使同乎曾参、子骞矣；与之为忠，则可使同乎龙逄、比干矣；与之为信，则可使同乎尾生、展禽矣；与之为廉，则可使同乎伯夷、叔齐矣。

然而今之群臣，罕能贞白卓异者，盖求之不切，励之未精故也。若勖之以公忠，期之以远大，各有职分，得行其道。贵则观其所举，富则观其所养，居则观其所好，习则观其所言，穷则观其所不受，贱则观其所不为。因其材

① 元、凯：八元、八凯，传说为舜时十六位贤臣。

② 四岳、九官、五臣、十乱：传说中不同时代的二十八位贤臣。

以取之，审其能以任之，用其所长，掩其所短。进之以六正，戒之以六邪，则不严而自励，不劝而自勉矣。故《说苑》曰："人臣之行，有'六正''六邪'。行'六正'则荣，犯'六邪'则辱。何谓'六正'？一曰，萌芽未动，形兆未见，昭然独见存亡之机，得失之要，预禁乎未然之前，使主超然立乎显荣之处，如此者，'圣臣'也。二曰，虚心尽意，日进善道，勉主以礼义，谕主以长策，将顺其美，匡救其恶，如此者，'良臣'也。三曰，夙兴夜寐，进贤不懈，数称往古之行事，以励主意，如此者，'忠臣'也。四曰，明察成败，早防而救之，塞其间，绝其源，转祸以为福，使君终以无忧，如此者，'智臣'也。五曰，守文奉法，任官职事，不受赠遗，辞禄让赐，饮食节俭，如此者，'贞臣'也。六曰，家国昏乱，所为不谀，敢犯主之严颜，面言主之过失，如此者，'直臣'也。是谓'六正'。何谓'六邪'？一曰，安官贪禄，不务公事，与世浮沉，左右观望，如此者，'具臣'[①]也，二曰，主所言皆曰善，主所为皆曰可，隐而求主之所好而进之，以快主之耳目，偷合苟容，与主为乐，不顾其后害，如此者，'谀臣'也。三曰，内实险诐，外貌小谨，

① 具臣：滥竽充数，尸位素餐之臣。

巧言令色，妒善嫉贤。所欲进则明其美、隐其恶，所欲退则明其过、匿其美，使主赏罚不当，号令不行，如此者，‘奸臣’也。四曰，智足以饰非，辩足以行说，内离骨肉之亲，外构朝廷之乱，如此者，‘谗臣’也。五曰，专权擅势，以轻为重，私门成党，以富其家，擅矫主命，以自贵显，如此者，‘贼臣’也。六曰，谄主以佞邪，陷主于不义，朋党比周，以蔽主明，使白黑无别，是非无间，使主恶布于境内，闻于四邻，如此者，‘亡国之臣’也。是谓六邪。贤臣处六正之道，不行六邪之术，故上安而下理。生则见乐，死则见思，此人臣之术也。”《礼记》曰：“权衡诚悬，不可欺以轻重；绳墨诚陈，不可欺以曲直；规矩诚设，不可欺以方圆；君子审礼，不可诬以奸诈。”然则臣之情伪，知之不难矣。又设礼以待之，执法以御之，为善者蒙赏，为恶者受罚，安敢不企及乎？安敢不尽力乎？

国家思欲进忠良，退不肖，十有余载矣。徒闻其语，不见其人，何哉？盖言之是也，行之非也。言之是则出乎公道，行之非则涉乎邪径。是非相乱，好恶相攻。所爱虽有罪，不及于刑；所恶虽无辜，不免于罚。此所谓‘爱之欲其生，恶之欲其死’者也。或以小恶弃大善，或以小过忘大功。此所谓‘君之赏不可以无功求，君之罚不可以有罪免’者也。赏不以劝善，罚不以惩恶，而望邪正不惑，其可得乎？若赏不遗疏远，罚不阿亲贵，以公平为规矩，以仁义为准绳，考事以正其名，循名以求其实，则邪正莫隐，善恶自分。然后取其实，不尚其华，处其厚，不居其薄，则不言而化，期月而可知矣！若徒爱美锦，而不为人择官，有至公之言，无至公之实，爱而不知其恶，憎而遂忘其善。徇私情以近邪佞，背公道而远忠良，则虽夙夜不怠，劳神苦思，将求至理，不可得也。

书奏，太宗甚嘉纳之。

11

贞观二十一年。太宗在翠微宫，授司农卿[①]李纬户部尚书。房玄龄是时留守京城。会有自京师来者，太宗问曰："玄龄闻李纬拜尚书，如何？"

对曰："但云‘李纬大好髭须’，更无他语。"

由是改授洛州刺史。

---

① 司农卿：唐时掌管粮食储备等事之职。

第8章　论封建

01

贞观元年。封中书令房玄龄为邗国公，兵部尚书杜如晦为蔡国公，吏部尚书长孙无忌为齐国公，并为第一等，食邑实封一千三百户。

皇从父[①]淮安王神通[②]上言："义旗初起，臣率兵先至，今玄龄等刀笔之人，功居第一，臣窃不服。"

太宗曰："国家大事，惟赏与罚。赏当其劳，无功者自退。罚当其罪，为恶者戒惧。则知赏罚不可轻行也。今计勋行赏，玄龄等有筹谋帷幄，画定社稷之功，所以汉之萧何，虽无汗马，指踪推毂，故得功居第一。叔父于国至亲，诚无爱惜，但以不可缘私

① 从父：即伯父、叔父。

② 神通（？—630）：名寿，唐高祖李渊从弟。

滥与勋臣同赏矣。”

由是诸功臣自相谓曰：“陛下以至公行赏，不私其亲，吾属何可妄诉。”

初，高祖举宗正籍，弟侄、再从、三从[①]孩童已上封王者数十人。

至是，太宗谓群臣曰：“自两汉已降，惟封子及兄弟，其疏远者，非有大功，如汉之贾、泽[②]，并不得受封。若一切封王，多给力役，乃至劳苦万姓，以养己之亲属。”

于是宗室先封郡王其间无功者，皆降为县公。

02

贞观十一年。太宗以周封子弟，八百余年；秦罢诸侯，二世而灭；吕后欲危刘氏，终赖宗室获安；封建亲贤，当是子孙长久之道。乃定制，以子弟荆州都督荆王元景、安州都督吴王恪等二十一人，又以功臣司空赵州刺史长孙无忌、尚书左仆射宋州刺史房玄龄等一十四人，并为世袭刺史。

礼部侍郎李百药[③]奏论驳世封事曰：

---

① 再从、三从：同曾祖的亲属关系叫再从；同高祖的亲属关系叫三从。

② 贾、泽：指汉高祖从兄刘贾，从祖昆弟刘泽。

③ 李百药（565—648）：字重规，唐朝诗人、史学家。撰写《北齐书》。

臣闻经国庇民，王者之常制；尊主安上，人情之大方[①]。思阐理定之规，以弘长世之业，万古不易，百虑同归。然命历有赊促[②]之殊，邦家有理乱之异，遐观载籍，论之详矣。咸云周过其数，秦不及期，存亡之理，在于郡国。周氏以鉴夏、殷之长久，遵皇王之并建，维城磐石，深根固本。虽王纲弛废，而枝干相持，故使逆节不生，宗祀不绝。秦氏背师古之训，弃先王之道，剪华恃险，罢侯置守，子弟无尺土之邑，兆庶罕共理之忧，故一夫号呼而七庙隳圮。

臣以为自古皇王，君临宇内，莫不受命上玄，册名帝录。缔构遇兴王之运，殷忧属启圣之期。虽魏武携养之资[③]，汉高徒役之贱，非止意有觊觎，推之亦不能去也。若其狱讼不归，菁华已竭，虽帝尧之光被四表，大舜之上齐七政，非止情存揖让，守之亦不可焉！以放勋、重华之德，尚不能克昌厥后。是知祚之长短，必在于天时，政或兴衰，有关于人事。隆周卜世三十，卜年七百，虽沦胥之道斯极，而文、武之器尚存，斯龟鼎之祚，已悬定于

---

① 大方：准则。

② 赊促：长短；缓急。

③ 魏武携养之资：指魏武帝曹操之父曹嵩，是汉中常侍曹腾之养子。

杳冥也。至使南征不返，东迁避逼，禋祀阙如[①]，郊畿不守，此乃陵夷之渐[②]，有累于封建焉。暴秦运距闰余，数终百六[③]。受命之主，德异禹、汤，继世之君，才非启、诵，借使李斯、王绾之辈咸开四履，将闾、子婴之徒俱启千乘，岂能逆帝子之勃兴，抗龙颜之基命者也！

然则得失成败，各有由焉。而著述之家，多守常辙，莫不情忘今古，理蔽浇淳[④]，欲以百王之季，行三代之法，天下五服[⑤]之内，尽封诸侯，王畿千里之间，俱为采地。是则以结绳之化行虞、夏之朝，用象刑之典治刘、曹之末，纪纲弛紊，断可知焉。锲船求剑，未见其可；胶柱成文，弥多所惑。徒知问鼎请隧[⑥]，有惧霸王之师；白马素车[⑦]，无复藩维之援。不悟望夷之衅，未堪羿、浞之灾[⑧]；既罹高贵之殃，宁异申、缯之酷。此乃钦明昏乱，自革安危，固非守宰公侯，以成兴废。

---

① 禋（yīn）祀阙如：祭祀无人，指后继无人。

② 陵夷之渐：由盛至衰，走下坡路。

③ 百六：指厄运、灾难。

④ 浇淳：指浮薄之风气破坏了淳朴之风。

⑤ 五服：古代王畿外围由近到远分为侯服、甸服、绥服、要服、荒服，合称五服。

⑥ 问鼎请隧：指图谋天下。鼎是国家政权的象征，隧为天子葬礼。问鼎指楚庄王问周天子九鼎轻重大小一事；请隧指晋文公请求周襄王在自己死后用天子葬礼一事。

⑦ 白马素车：实行丧礼。这里指子婴白马素车出城，呈天子玉玺向刘邦投降一事。

⑧ 羿、浞之灾：指后羿代夏政，寒浞杀其自立。

且数世之后，王室浸微，始自藩屏，化为仇敌。家殊俗，国异政，强陵弱，众暴寡，疆场彼此，干戈侵伐。狐骀之役，女子尽髽[①]；崤陵之师，只轮不反。斯盖略举一隅，其余不可胜数。陆士衡方规规然云："嗣王委其九鼎，凶族据其天邑，天下晏然，以治待乱。"何斯言之谬也！而设官分职，任贤使能，以循良之才，膺共治之寄，刺举分竹[②]，何世无人。至使地或呈祥，天不爱宝，民称父母，政比神明。曹元首[③]方区区然称："与人共其乐者，人必忧其忧；与人同其安者，人必拯其危。"岂容以为侯伯，则同其安危；任之牧宰，则殊其忧乐？何斯言之妄也！

封君列国，藉其门资，忘其先业之艰难，轻其自然之崇贵，莫不世增淫虐，代益骄侈。离宫别馆，切汉凌云，或刑人力而将尽，或召诸侯而共乐。陈灵则君臣悖礼，共侮徵舒[④]；卫宣则父子聚麀，终诛寿、朔。乃云为己思治，岂若是乎？内外群官，选自朝廷，擢士庶以

---

① 髽（zhuā）：古代妇女服丧时用麻扎成的发髻。

② 刺举分竹：刺举，指检举奸恶，举荐贤士。分竹：给予作为权力象征的竹使符，谓封官授权。

③ 曹元首：即曹冏，政论家，三国魏人，代表作《六代论》。

④ 共侮徵舒：陈灵公、孔宁、仪行父均与夏姬私通，一次，陈灵公指着夏姬之子徵舒对仪行父说："他长得像你。"仪行父答："也像王上。"故称"共侮徵舒"。典出《左传》。

任之，澄水镜以鉴之，年劳优其阶品，考绩明其黜陟。进取事切，砥砺情深。或俸禄不入私门[①]，妻子不之官舍[②]。班条之贵，食不举火[③]；剖符之重，居惟饮水[④]。南阳太守，弊布裹身；莱芜县长，凝尘生甑。专云为利图物，何其爽欤？总而言之，爵非世及，用贤之路斯广；民无定主，附下之情不固。此乃愚智所辨，安可惑哉？至如灭国弑君，乱常干纪，春秋二百年间，略无宁岁。次睢咸秩，遂用玉帛之君[⑤]；鲁道有荡，每等衣裳之会。纵使西汉哀、平之际，东洛桓、灵之时，下吏淫暴，必不至此。为政之理，可以一言蔽焉。

伏惟陛下握纪御天，膺期启圣，救亿兆之焚溺，扫氛祲于寰区。创业垂统，配二仪以立德；发号施令，妙万物而为言。独照神衷，永怀前古。将复五等而修旧制，建万国以亲诸侯。窃以汉、魏以还，余风之弊未尽；勋华既往，至公之道斯乖。况晋氏失驭，宇县崩离；后魏乘时，华夷杂处。重以关河分阻，吴、楚悬隔，习文者学长短纵

---

① 俸禄不入私门：指后汉豫章太守杨秉，为官清廉，计日受禄，余俸不入私门。

② 妻子不之官舍：指后汉巨鹿太守魏霸、颍川太守何并，不带妻儿赴任。

③ 食不举火：指东汉冀州刺史左雄办公时常吃干粮，舍不得耗费柴火做饭。

④ 居惟饮水：指晋吴太守邓攸，自带粮食上任，不受俸禄，只饮当地水。

⑤ 次睢咸秩，遂用玉帛之君：鲁僖公十九年，宋襄公派邾文公到睢水祭祀，遂将鄫国国君杀了做祭品。

横之术，习武者尽干戈战争之心，毕为狙诈之阶，弥长浇浮之俗。开皇[1]在运，因藉外家。驱御群英，任雄猜之数；坐移明运，非克定之功。年逾二纪，人不见德。及大业嗣文，世道交丧，一人一物，扫地将尽。虽天纵神武，削平寇虐，兵威不息，劳止未康。

自陛下仰顺圣慈，嗣膺宝历，情深致理，综核前王。虽至道无名，言象所纪，略陈梗概，安所庶几。爱敬烝烝，劳而不倦，大舜之孝也。访安内竖，亲尝御膳，文王之德也。每宪司谳罪[2]，尚书奏狱，大小必察，枉直咸举，以断趾之法易大辟之刑，仁心隐恻，贯彻幽显，大禹之泣辜也。正色直言，虚心受纳，不简鄙讷，无弃刍荛，帝尧之求谏也。弘奖名教，劝励学徒，既擢明经于青紫[3]，将升硕儒于卿相，圣人之善诱也。群臣以宫中暑湿，寝膳或乖，请移御高明，营一小阁。遂惜十家之产，竟抑子来之愿，不吝阴阳之感，以安卑陋之居。顷岁霜俭，普天饥馑。丧乱甫尔，仓廪空虚。圣情矜愍，勤加赈恤，竟无一人流离道路，犹且食惟藜藿，

① 开皇（581—600）：隋文帝杨坚的年号，后改仁寿（601—604）。

② 宪司谳罪：掌握司法的官吏审查案件。

③ 擢明经于青紫：通过科考选拔官吏。青紫，原为公卿绶带的颜色，代指官位。

乐彻簨虡[1]，言必凄动，貌成癯瘦。公旦喜于重译，文命矜其即叙。陛下每见四夷款附，万里归仁，必退思进省，凝神动虑，恐妄劳中国，以求远方，不藉万古之英声，以存一时之茂实[2]。心切忧劳，志绝游幸，每旦视朝，听受无倦，智周于万物，道济于天下。罢朝之后，引进名臣，讨论是非，备尽肝膈，惟及政事，更无异辞。才日昃，必命才学之士，赐以清闲，高谈典籍，杂以文咏，间以玄言，乙夜忘疲，中宵不寐。此之四道，独迈往初，斯实生民以来，一人而已。弘兹风化，昭示四方，信可以期月之间，弥纶天壤。而淳粹尚阻，浮诡未移，此由习之久，难以卒变。请待斫雕成器，以质代文，刑措之教一行，登封之礼云毕，然后定疆理之制，议山河之赏，未为晚焉。《易》称："天地盈虚，与时消息，况于人乎？"美哉斯言也。

03

中书舍人马周又上疏曰：

---

① 簨虡（sǔn jù）：悬挂钟鼓的木架子。

② 茂实：指盛美的德业。

伏见诏书令宗室勋贤作镇藩部，贻厥子孙，嗣守其政，非有大故，无或黜免。臣窃惟陛下封植之者，诚爱之重之，欲其绪裔承守，与国无疆，可使世官也。何则？以尧、舜之父，犹有朱、均之子？况下此以还，而欲以父取儿，恐失之远矣。傥有孩童嗣职，万一骄逸，则兆庶被其殃而国家受其败。政欲绝之也，则子文之理犹在；政欲留之也，而栾黡[①]之恶已彰。与其毒害于见存之百姓，则宁使割恩于已亡之一臣，明矣。然则向之所谓爱之者，乃适所以伤之也。臣谓宜赋以茅土，畴其户邑，必有材行，随器方授，则翰翮[②]非强，亦可以获免尤累。昔汉光武不任功臣以吏事，所以终全其世者，良由得其术也。愿陛下深思其宜，使夫得奉大恩，而子孙终其福禄也。

太宗并嘉纳其言。于是竟罢子弟及功臣世袭刺史。

---

① 栾黡（yǎn）：晋国大夫栾武子之子，任下军将，多次带兵为国征战。

② 翰翮（hé）：羽翼，亦指才能。

第四卷

第9章　论太子诸王定分

01

贞观七年。授吴王恪齐州都督。太宗谓侍臣曰："父子之情，岂不欲常相见耶？但家国事殊，须出作藩屏；且令其早有定分，绝觊觎之心，我百年后，使其兄弟无危亡之患也。"

02

贞观十一年。侍御史马周上疏曰：

汉晋以来，诸王皆为树置失宜，不预立定分，以至于灭亡。人主熟知其然，但溺于私爱，故前车既覆而后车不改辙也。今诸王承宠遇之恩有过厚者，臣之愚虑，不惟虑其恃恩骄矜也。昔魏武帝宠树陈思，及文帝即位，防守禁闭，有同狱囚，以先帝加恩太多，故嗣王从而畏之也。此则武帝之宠陈思，适所以苦之也。且帝子何患不富贵，身食大国，封户不少，好衣美食之外，更何所须？而每年别加优赐，曾无纪极。俚语曰："贫不学俭，富不学奢。"言自然也。今陛下以大圣创业，岂惟处置见在子弟而已，当须制长久之法，使万代遵行。

疏奏，太宗甚嘉之，赐物百段。

03

贞观十三年。谏议大夫褚遂良以每月特给魏王泰府料物有逾于皇太子，上疏谏曰：

昔圣人制礼，尊嫡卑庶。谓之储君，道亚霄极，甚为崇重，用物不计，泉货财帛，与王者共之。庶子体卑，不得为例，所以塞嫌疑之渐，除祸乱之源。而先王必本于人情，然后制法，知有国家，必有嫡庶。然庶子虽爱，不得超越嫡子，正体特须尊崇。如不能明立定分，遂使当亲者疏，当尊者卑，则佞巧之徒承机而动，私恩害公，或至乱国。伏惟陛下功超万古，道冠百王，发施号令，为世作法。一日万机，或未尽美，臣职谏诤，无容静默。伏见储君料物，翻少魏王，朝野见闻，不以为是。臣闻《传》曰："爱子，教以义方。"忠、孝、恭、俭，义方之谓。昔汉窦太后及景帝并不识义方之理，遂骄恣梁孝王，封四十余城，苑方三百里。大营宫室，复道弥望，积财镪巨万计，出警入跸[①]，小不得意，发病而死。宣帝亦骄恣淮阳王[②]，几至于败，赖其辅以退让之臣，仅乃获免。且魏王既新出阁，伏愿恒存礼训，妙择师傅，示其成败；既敦之以节俭，又劝之以文学。惟忠惟孝，因而奖之；道德齐礼，乃为良器。此所谓"圣人之教，不肃而成"者也。

太宗深纳其言。

04

贞观十六年。太宗谓侍臣曰："当今国家何事最急？各为我言之。"

---

① 出警入跸：帝王出称警，入称跸。泛指帝王的仪仗和护卫队伍豪华壮观。

② 淮阳王：即刘钦，汉宣帝刘询庶子，光武帝刘秀之父。

尚书右仆射高士廉曰："养百姓最急。"

黄门侍郎刘洎曰："抚四夷急。"

中书侍郎岑文本曰："《传》称：'道之以德，齐之以礼。'义为急。"

谏议大夫褚遂良曰："即日四方仰德，不敢为非，但太子、诸王须有定分，陛下宜为万代法以遗子孙，此最当今日之急。"

太宗曰："此言是也。朕年将五十，已觉衰怠。既以长子守器东宫，诸弟及庶子数将四十，心常忧虑在此耳。但自古嫡庶无良，何尝不倾败家国。公等为朕搜访贤德，以辅储宫，爰及诸王，咸求正士。且官人事王，不宜岁久。岁久则分义情深，非意窥窬[①]，多由此作，其王府官寮，勿令过四考[②]。"

---

① 窥窬（yú）：觊觎帝位。

② 四考：指四次考核。唐代官员任职制度，每年需考核一次，四次考核，代表任职四年。

第10章　论尊敬师傅

01

贞观三年。太子少师李纲[①]有脚疾，不堪践履。太宗赐步舆，令三卫举入东宫，诏皇太子引上殿，亲拜之，大见崇重。纲为太子陈君臣父子之道，问寝侍膳之方，理顺辞直，听者忘倦。太子尝商略古来君臣名教，竭忠尽节之事。纲懔然曰："托六尺之孤，寄百里之命，古人以为难，纲以为易。"每吐论发言，皆辞色慷慨，有不可夺之志，太子未尝不耸然礼敬。

---

① 李纲：字文纪，曾任隋唐两朝三个太子的老师。贞观初，拜为太子少师。

02

贞观六年。诏曰：

朕比寻讨经史，明王圣帝，曷尝无师傅哉？前所进令遂不睹三师[①]之位，意将未可，何以然？黄帝学大颠，颛顼学录图，尧学尹寿，舜学务成昭，禹学西王国，汤学威子伯，文王学子期，武王学虢叔。前代圣王，未遭此师，则功业不著乎天下，名誉不传乎载籍。况朕接百王之末，智不同圣人，其无师傅，安可以临兆民者哉？《诗》不云乎："不愆不忘，率由旧章。"夫不学，则不明古道，而能政致太平者未之有也！可即著令，置三师之位。

03

贞观八年。太宗谓侍臣曰："上智之人，自无所染，但中智之人无恒，从教而变。况太子师保，古难其选。成王幼小，周、召为保傅。左右皆贤，日闻雅训，足以长仁益德，使为圣君。秦之

① 三师：北魏以后称太师、太傅、太保为"三师"，又统称师保或保傅，正一品，仅有虚衔。三师是古代和天子坐而论道或辅导太子的官员。

胡亥，用赵高作傅。教以刑法，及其嗣位，诛功臣，杀亲族，酷暴不已，旋踵而亡。故知人之善恶，诚由近习。朕今为太子、诸王精选师傅，令其式瞻礼度，有所裨益。公等可访正直忠信者，各举三两人。”

04

贞观十一年。以礼部尚书王珪兼为魏王师。

太宗谓尚书左仆射房玄龄曰：“古来帝子，生于深宫，及其成人，无不骄逸，是以倾覆相踵，少能自济。我今严教子弟，欲皆得安全。王珪我久驱使，甚知刚直，志存忠孝，选为子师。卿宜语泰，每对王珪，如见我面，宜加尊敬，不得懈怠。”

珪亦以师道自处，时议善之也。

05

贞观十七年。太宗谓司徒长孙无忌、司空房玄龄曰：“三师以德道人者也。若师体卑，太子无所取则。”

于是诏令撰太子接三师仪注[1]。太子出殿门迎，先拜三师，三

① 仪注：制度，仪节。

师答拜，每门让三师，三师坐，太子乃坐。与三师书，前名“惶恐”，后名“惶恐再拜”。

06

贞观十八年。高宗初立为皇太子，尚未尊贤重道，太宗又尝令太子居寝殿之侧，绝不往东宫。

散骑常侍刘洎上书曰：

臣闻郊迎四方，孟侯[①]所以成德；齿学[②]三让，元良[③]由是作贞。斯皆屈主祀之尊，申下交之义。故得刍言咸荐，睿问旁通；不出轩庭，坐知天壤，率由兹道，永固鸿基者焉。至若生乎深宫之中，长乎妇人之手，未曾识忧惧，无由晓风俗。虽复神机不测，天纵生知而开物成务，终由外奖。匪夫崇彼干籥[④]，听兹谣颂，何以辨章庶类，甄核彝伦[⑤]？历考圣贤，咸资琢玉。是故周储上哲，

---

① 孟侯：诸侯之长，这里代指太子。

② 齿学：指太子入学。

③ 元良：大贤之士，代指太子。

④ 干籥（yuè）：指礼乐教化。干，乐舞用的武器盾牌等道具。籥，古代管乐器，似笛。

⑤ 彝伦：伦常。

师望、奭[①]而加裕；汉嗣深仁，引园、绮而昭德。原夫太子，宗祧[②]是系，善恶之际，兴亡斯在。不勤于始，将悔于终。是以晁错上书，令通政术；贾谊献策，务知礼教。窃惟皇太子玉裕挺生[③]，金声夙振，明允笃诚之美，孝友仁义之方，皆挺自天姿，非劳审谕，固以华夷仰德，翔泳希风[④]矣。然则寝门视膳，已表于三朝；艺宫论道，宜弘于四术。虽富于春秋，饬躬有渐，实恐岁月易往，堕业兴讥，取适晏安，言从此始。臣以愚短，幸参侍从，思广储明，辄愿闻彻。不敢曲陈故事，切请以圣德言之。

伏惟陛下诞睿膺图，登庸[⑤]历试。多才多艺，道著于匡时；允文允武，功成于纂祀[⑥]。万方即叙，九围清晏。尚且虽休勿休，日慎一日，求异闻于振古，劳睿思于当年。乙夜观书，事高汉帝；马上披卷，勤过魏王。陛下自励如此，而令太子优游弃日，不习图书，臣所未谕一也。加以暂屏机务，即寓雕虫[⑦]。纡宝思于天文，

---

① 望、奭（shì）：太公望和召公。

② 宗祧（tiāo）：宗庙。祧，古代称远祖的庙。

③ 玉裕挺生：如玉一般挺拔而生，形容资质非凡。

④ 翔泳希风：上下钦慕一个人的风节。

⑤ 登庸：登帝位；选拔任用。

⑥ 纂祀：继承国之大事，指继承帝位。

⑦ 雕虫：比喻从事微不足道的小技巧，常用来代指作诗弄文。

则长河韬映；摛玉华于仙札[1]，则流霞成彩。固以锱铢万代[2]，冠冕百王。屈、宋不足以升堂，锺、张[3]何阶于入室？陛下自好如此，而太子悠然静处，不寻篇翰，臣所未谕二也。陛下备该众妙，独秀寰中，犹晦天聪，俯询凡识。听朝之隙，引见群官，降以温颜，访以今古。故得朝廷是非，闾里好恶，凡有巨细，必关闻听。陛下自行如此，而令太子久趋入侍，不接正人，臣所未谕三也。陛下若谓无益，则何事劳神；若谓有成，则宜申贻厥。蔑而不急，未见其可。伏愿俯推睿范，训及储君。授以良书，娱之嘉客。朝披经史，观成败于前踪；晚接宾游，访得失于当代。间以书札，继以篇章，则日闻所未闻，日见所未见。副德愈光，群生之福也。

窃以良娣[4]之选，遍于中国。仰惟圣旨，本求典内[5]，冀防微，慎远虑，臣下所知。暨乎征简人物，则与聘纳相违。监抚二周，未近一士。愚谓内既如彼，外亦宜然者。恐招物议，谓陛下重内而轻外也。古之太子，问安而退，所以广敬于君父；异宫而处，所以分别于嫌

---

① 仙札：指皇帝的文书。

② 锱铢万代：使历代文章黯然失色。

③ 锺、张：指锺繇和张芝，二人都是所处时代的书法名家。

④ 良娣：古代太子姬妾的称号，地位在妃子之下。

⑤ 典内：掌宫廷内务之职。

疑。今太子一侍天闱，动移旬朔，师傅已下，无由接见。假令供奉有隙，暂还东朝，拜谒既疏，且事俯仰，规谏之道，固所未暇。陛下不可以亲教，宫寀[①]无因以进言，虽有具寮[②]，竟将何补？

伏愿俯循前躅[③]，稍抑下流，弘远大之规，展师友之义。则离徽克茂，帝图斯广，凡在黎元，孰不庆赖！太子温良恭俭，聪明睿哲，含灵所悉，臣岂不知，而浅识勤勤，思效愚忠者，愿沧溟益润，日月增华也。

太宗乃令洎与岑文本、马周递日往东宫，与皇太子谈论。

① 宫寀（cǎi）：太子属官。

② 具寮：指百官。

③ 前躅（zhú）：前人的遗范。

第11章　论教诫太子诸王

01

贞观七年。太宗谓太子左庶子于志宁[①]、杜正伦曰："卿等辅导太子，常须为说百姓间利害事。朕年十八，犹在人间，百姓艰难，无不谙练。及居帝位，每商量处置，或时有乖疏，得人谏诤，方始觉悟。若无忠谏者为说，何由行得好事？况太子生长深宫，百姓艰难，都不闻见乎！且人主安危所系，不可辄为骄纵。但出敕云'有谏者即斩'，必知天下士庶无敢更发直言。故克己励精，容纳谏诤，卿等常须以此意共其谈说。每见有不是事，宜极言切谏，令有所裨益也。"

---

① 于志宁（588—665）：字仲谧，秦王府十八学士之一，位列宰相。

02

贞观十八年。太宗谓侍臣曰："古有胎教世子，朕则不暇。但近自建立太子，遇物必有诲谕，见其临食将饭，谓曰：'汝知饭乎？'对曰：'不知。'曰：'凡稼穑艰难，皆出人力，不夺其时，常有此饭。'见其乘马，又谓曰：'汝知马乎？'对曰：'不知。'曰：'能代人劳苦者也，以时消息[①]，不尽其力，则可以常有马也。'见其乘舟，又谓曰：'汝知舟乎？'对曰：'不知。'曰：'舟所以比人君，水所以比黎庶，水能载舟，亦能覆舟。尔方为人主，可不畏惧？'见其休于曲木之下，又谓曰：'汝知此树乎？'对曰：'不知。'曰：'此木虽曲，得绳则正，为人君虽无道，受谏则圣。此傅说所言，可以自鉴。'"

03

贞观七年。太宗谓侍中魏徵曰："自古侯王能自保全者甚少，皆由生长富贵，好尚骄逸，多不解亲君子远小人故尔。朕所有子弟，欲使见前言往行，冀其以为规范。"因命徵录古来帝王子弟成

---

① 消息：指有劳有逸。

败事，名为《自古诸侯王善恶录》，以赐诸王。其序曰：

观夫膺期受命，握图御宇，咸建懿亲，藩屏王室，布在方策，可得而言。自轩分二十五子，舜举一十六族，爰历周、汉，以逮陈、隋，分裂山河，大启盘石者众矣。或保乂[①]王家，与时升降；或失其土宇，不祀忽诸。然考其盛衰，察其兴灭，功成名立，咸资始封之君；国丧身亡，多因继体之后。其故何哉？始封之君，时逢草昧，见王业之艰阻，知父兄之忧勤。是以在上不骄，夙夜匪懈。或设醴以求贤，或吐飧[②]而接士。故甘忠言之逆耳，得百姓之欢心。树至德于生前，流遗爱于身后。暨夫子孙继体，多属隆平，生自深宫之中，长居妇人之手，不以高危为忧惧，岂知稼穑之艰难？昵近小人，疏远君子，绸缪哲妇[③]，傲狠明德，犯义悖礼，淫荒无度，不遵曲宪，僭差越等。恃一顾之权宠，便怀匹嫡之心；矜一事之微劳，遂有无厌之望。弃忠贞之正路，蹈奸宄之迷途。愎谏违卜[④]，往而不返。虽梁孝、齐冏之

---

① 保乂：治理使之安定太平。

② 吐飧（sūn）：传说周公一饭三停，以接待宾客。比喻求贤若渴。

③ 绸缪哲妇：贪恋美色。

④ 愎谏违卜：刚愎自用，违背天意。

勋庸，淮南、东阿之才俊，摧摩霄之逸翮，成穷辙之涸鳞，弃桓、文之大功，就梁、董之显戮。垂为炯戒[①]，可不惜乎？皇帝以圣哲之资，拯倾危之运，耀七德以清六合，总万国而朝百灵，怀柔四荒，亲睦九族，念华萼于《棠棣》，寄维城于宗子。心乎爱矣，靡日不思，爰命下臣，考览载籍，博求鉴镜，贻厥孙谋。臣辄竭愚诚，稽诸前训。凡为藩为翰，有国有家者，其兴也必由于积善，其亡也皆在于积恶。故知善不积不足以成名，恶不积不足以灭身。然则祸福无门，吉凶由己，惟人所召，岂徒言哉！今录自古诸王行事得失，分其善恶各为一篇，名曰《诸王善恶录》，欲使见善思齐，足以扬名不朽；闻恶能改，庶得免乎大过。从善则有誉，改过则无咎。兴亡是系，可不勉欤？

太宗览而称善，谓诸王曰："此宜置于座右，用为立身之本。"

04

贞观十年。太宗谓荆王元景、汉王元昌、吴王恪、魏王泰等

① 炯戒：也作"炯诫"，十分明显的鉴戒。

曰："自汉已来，帝弟帝子受茅土、居荣贵者甚众，惟东平[①]及河间王[②]最有令名，得保其禄位。如楚王玮[③]之徒，覆亡非一，并为生长富贵，好自骄逸所致。汝等鉴诫，宜熟思之。拣择贤才，为汝师友，须受其谏诤，勿得自专。我闻以德服物，信非虚说。比尝梦中见一人云虞、舜，我不觉竦然敬异，岂不为仰其德也！向若梦见桀、纣，必应斫之。桀、纣虽是天子，今若相唤作桀、纣，人必大怒。颜回、闵子骞、郭林宗、黄叔度虽是布衣，今若相称赞道类此四贤，必当大喜。故知人之立身，所贵者惟在德行，何必要论荣贵。汝等位列藩王，家食实封，更能克修德行，岂不具美也？且君子、小人本无常，行善事则为君子，行恶事则为小人，当须自克励，使善事日闻，勿纵欲肆情，自陷刑戮。"

05

贞观十年。太宗谓房玄龄曰："朕历观前代拨乱创业之主，生长人间，皆识达情伪，罕至于败亡。逮乎继世守文之君，生而富贵，不知疾苦，动至夷灭。朕少小以来，经营多难，备知天下

① 东平：即刘苍（？—83），光武帝刘秀之子，封东平王，博学多才。明帝继位后对他非常器重。

② 河间王：即汉景帝之子刘德。藏书家，以博学有德著称。

③ 楚王玮：晋武帝之子，曾掌兵权，狠劣好杀，因罪被杀。

之事，犹恐有所不逮。至于荆王诸弟，生自深宫，识不及远，安能念此哉？朕每一食，便念稼穑之艰难；每一衣，则思纺绩之辛苦。诸弟何能学朕乎？选良佐以为藩弼[1]，庶其习近善人，得免于愆过尔。”

06

贞观十一年。太宗谓吴王恪曰：“父之爱子，人之常情，非待教训而知也。子能忠孝则善矣！若不遵诲诱，忘弃礼法，必自致刑戮。父虽爱之，将如之何？昔汉武帝既崩，昭帝嗣立，燕王旦素骄纵，诪张[2]不服，霍光遣一折简诛之，则身死国除。夫为臣子不得不慎。”

07

贞观中。皇子年小者多授以都督、刺史，谏议大夫褚遂良上疏谏曰：

昔两汉以郡国理人，除郡以外，分立诸子，割土封

① 藩弼：教导、辅佐。

② 诪（zhōu）张：欺诳。

疆，杂用周制。皇唐郡县，粗依秦法。皇子幼年，或授刺史。陛下岂不以王之骨肉，镇捍四方，圣人造制，道高前古？臣愚见，有小未尽，何者？刺史师帅，人仰以安。得一善人，部内苏息；遇一不善人，阖州劳弊。是以人君爱恤百姓，常为择贤。或称“河润九里，京师蒙福”；或与人兴咏，生为立祠。汉宣帝云：“与我共理者，惟良二千石乎！”如臣愚见，陛下子内年齿尚幼，未堪临人者，请且留京师，教以经学。一则畏天之威，不敢犯禁；二则观见朝仪，自然成立。因此积习，自知为人。审堪临州，然后遣出。臣谨按汉明、章、和三帝，能友爱子弟，自兹以降，以为准的。封立诸王，虽各有土，年尚幼小者，各留京师，训以礼法，垂以恩惠。讫三帝世，诸王数十百人，惟二王稍恶，自余皆冲和深粹。惟陛下详察。

太宗嘉纳其言。

第12章　论规谏太子

01

贞观五年。李百药为太子右庶子。时太子承乾颇留意《典》《坟》[①]，然闲宴之后，嬉戏过度。百药作《赞道赋》以讽焉，其词曰：

下臣侧闻先圣之格言，尝览载籍之遗则。伊天地之玄造，洎皇王之建国，曰人纪与人纲，资立言与立德。履之则率性成道，违之则罔念作忒。望兴废如从钧[②]，视

① 《典》《坟》：指《三坟》《五典》，传说中上古时代的书籍。此处代指各种古籍。

② 从钧：顺从天意。钧，指上天。

吉凶如纠纆[①]。至乃受图膺箓，握镜君临。因万物之思化，以百姓而为心。体大仪之潜运，阅往古于来今。尽为善于乙夜，惜勤劳于寸阴。故能释层冰于瀚海，变寒谷于蹛林[②]。总人灵以胥悦，极穹壤而怀音。

赫矣圣唐，大哉灵命，时维大始，运钟上圣。天纵皇储，固本居正；机悟宏远，神姿凝映。顾三善[③]而必弘，祗四德[④]而为行。每趋庭而闻礼，常问寝而资敬。奉圣训以周旋，诞天文之明命。迈观乔而望梓[⑤]，即元龟与明镜。自大道云革，礼教斯起，以正君臣，以笃父子。君臣之礼，父子之亲，尽情义以兼极，谅弘道之在人。岂夏启与周诵，亦丹朱与商均。既雕且琢，温故知新。惟忠与敬，曰孝与仁。则可以下光四海，上烛三辰。昔三王之教子，兼四时以齿学；将交发于中外，乃先之以礼乐。乐以移风易俗，礼以安上化人。非有悦于钟鼓，将宣志以和神。宁有怀于玉帛，将克己而庇身。生于深宫之中，处于群后之上；未深思于王业，不自珍于匕

① 纠纆（mò）：绳索。引申为纠缠联结。

② 蹛（dài）林：祭祀之地。

③ 三善：指事君、事父、事长三种道德规范。

④ 四德：《周易》以元、亨、利、贞为四种德行。

⑤ 迈观乔而望梓：指遵行父子之道。“乔梓”常用来比喻父子。

鬯[1]。谓富贵之自然，恃崇高以矜尚。必恣骄狠，动愆礼让。轻师傅而慢礼仪，狎奸谄而纵淫放。前星之耀遽隐，少阳[2]之道斯谅。虽天下之为家，蹈夷险之非一。或以才而见升，或见谗而受黜。足可以自省厥休咎，观其得失。请粗略而陈之，觊披文而相质。

在宗周之积德，乃执契[3]而膺期；赖昌、发而作贰，启七百之鸿基。逮扶苏之副秦，非有亏于闻望；以长嫡之隆重，监偏师于亭障。始祸则金以寒离[4]，厥妖则火不炎上[5]；既树置之违道，见宗祀之遄丧。伊汉氏之长世，固明两之递作。高惑戚而宠赵[6]，以天下而为谑；惠结皓而因良，致羽翼于寥廓。景有惭于邓子，成从理之淫虐；终生患于强吴，由发怒于争博。彻居储两，时犹幼冲，防衰年之绝议，识亚夫之矜功；故能恢弘祖业，绍三代之遗风。据[7]开博望，其名未融。哀时命之奇舛，

---

① 匕鬯（chàng）：本义为饮食器具，奉之宗庙祭祀。代指国家政权。

② 少阳：即东宫，太子居所，代指太子。

③ 执契：指把握契机。

④ 金以寒离：代指废掉太子。古人认为金之德寒，表示疏远。

⑤ 火不炎上：指太子被杀。典出《尚书 · 大传》：“弃法律，逐功臣，杀太子，以妾为妻，则火不炎上。”

⑥ 赵：指赵王刘如意。

⑦ 据：指卫太子刘据（前128—前91），因巫蛊之乱被江充、苏文等诬陷，兵败被杀。

遇谗贼于江充；虽备兵以诛乱，竟背义而凶终。宣嗣[①]好儒，大猷行阐，嗟被尤于德教，美发言于忠謇。始闻道于匡、韦[②]，终获戾于恭、显[③]。太孙杂艺，虽异定陶，驰道不绝，抑惟小善。犹见重于通人，当传芳于前典。中兴上嗣，明、章济济，俱达时政，咸通经礼。极至情于敬爱，惇友于兄弟；是以固东海之遗堂，因西周之继体。五官[④]在魏，无闻德音。或受讥于妲己，且自悦于从禽。虽才高而学富，竟取累于荒淫。暨贻厥于明皇[⑤]，构崇基于三世。得秦帝之奢侈，亚汉武之才艺。遂驱役于群臣，亦无救于凋弊。中抚[⑥]宽爱，相表多奇。重桃符[⑦]而致惑，纳钜鹿[⑧]之明规。竟能扫江表[⑨]之氛秽，举要荒而见羁。惠[⑩]处东朝，察其遗迹，在圣德其如初，实御床之可惜！悼愍怀之云废，遇烈风之吹沙。尽性灵之狎

① 宣嗣：即汉元帝刘奭，好儒术，为人柔弱，西汉在其手上走向衰微。

② 匡、韦：指匡衡和韦玄成。

③ 恭、显：指弘恭和石显。

④ 五官：五官中郎将的简称，此处指曹丕，其继位前曾任此职。

⑤ 明皇：指魏文帝曹叡（204—239），字元仲，魏国第二任皇帝。

⑥ 中抚：指晋武帝司马炎。他曾任中抚军。

⑦ 桃符：司马攸的小名。

⑧ 钜鹿：指裴秀，字季彦，西晋大臣，封钜鹿郡公。

⑨ 江表：指长江以南地区。

⑩ 惠：即晋惠帝司马衷。

艺，亦自败于凶邪。安能奉其粢盛，承此邦家。

惟圣上之慈爱，训义方于至道。同论政于汉幄，修致戒[1]于京鄗。鄙《韩子》之所赐，重经术以为宝。咨政理之美恶，亦文身之黼藻。庶有择于愚夫，惭乞言于遗老。致庶绩于咸宁，先得人而为盛。帝尧以则哲垂谟，文王以多士兴咏。取之于正人，鉴之于灵镜。量其器能，审其检行。必宜度机而分职，不可违方以从政。若其惑于听受，暗于知人，则有道者咸屈，无用者必伸。谗谀竞进以求媚，玩好不召而自臻。直言正谏，以忠信而获罪；卖官鬻狱，以货贿而见亲。于是亏我王度，斁我彝伦。九鼎遇奸回而远逝，万姓望抚我而归仁。盖造化之至育，惟人灵之为贵。狱讼不理，有生死之异涂；冤结不伸，乖阴阳之和气。士之通塞，属之以深文；命之修短，悬之于酷吏。是故，帝尧画像，陈恤隐之言；夏禹泣辜，尽哀矜之志。因取象于《大壮》，乃峻宇而雕墙。将瑶台与琼室，岂画栋与虹梁。或凌云以遐观，或通天而纳凉。极醉饱而刑人力，命痿蹶而受身殃。是以言惜十家之产，汉帝以昭俭而垂裕；虽成百里之囿，周文以子来而克昌。彼嘉会而礼通，重旨酒之为德。至忘归而受祉，在齐圣而温克[2]。若

① 致戒：指典章法度。

② 齐圣温克：睿智而谦恭。语出《诗经 · 小雅 · 小宛》：“人之齐圣，饮酒温克。”

其酗蓄以致昏，酖湎而成忒，痛殷受与灌夫，亦亡身而丧国。是以伊尹以酣歌而作戒，周公以乱邦而贻则。咨幽闲之令淑，实好逑于君子。辞玉辇而割爱，固班姬之所耻；脱簪珥而思愆，亦宣姜之为美。乃有祸晋之骊姬，丧周之褒姒。尽妖妍于图画，极凶悖于人理。倾城倾国，思昭示于后王；丽质冶容，宜永鉴于前史。复有蒐狩之礼[①]、驰射之场，不节之以正义，必自致于禽荒。匪外形之疲极，亦中心而发狂。夫高深不惧，胥靡之徒；鞴绁[②]为娱，小竖之事。以宗社之崇重，持先王之名器，与鹰犬而并驱，凌艰险而逸辔。马有衔橛之理，兽骇不存之地，犹有靦于获多，独无情而内愧？

以小臣之愚鄙，忝不赀[③]之恩荣。擢无庸于草泽，齿[④]陋质于簪缨。遇大道行而两仪[⑤]泰，喜元良[⑥]盛而万国贞。以监抚之多暇，每讲论而肃成。仰惟神之敏速，叹将圣之聪明。自礼贤于秋实[⑦]，足归道于春卿[⑧]。芳年

---

① 蒐（sōu）狩之礼：古代狩猎制度。春猎曰蒐，冬猎曰狩。

② 鞴绁（bèi xiè）：鞴以蹲鹰，绁以牵狗。指纨绔子弟放荡淫靡的生活。

③ 不赀：同“不訾”，不可计数。

④ 齿：含触及意，指录用。

⑤ 两仪：本为道家术语，即阴阳。此处指乾坤。

⑥ 元良：代指太子。

⑦ 秋实：喻人之德行。

⑧ 春卿：指礼部长官。周朝的春官位列六卿之一，掌邦国之礼。

淑景，时和气清。华殿邃兮帘帏静，灌木森兮风云轻，花飘香兮动笑日，娇莺啭兮相哀鸣。以物华之繁靡，尚绝思于将迎。犹允蹈而不倦，极耽玩以研精。命庸才以载笔，谢摛藻于天庭。异洞箫之娱侍，殊飞盖之缘情。阙雅言以赞德，思报恩以轻生。敢下拜而稽首，愿永树于风声。奉皇灵之遐寿，冠振古之鸿名。

太宗见而遣使谓百药曰："朕于皇太子处见卿所作赋，述古来储贰[①]事以诫太子，甚是典要。朕选卿以辅弼太子，正为此事，大称所委，但须善始令终耳。"

因赐厩马一匹，采物三百段。

02

贞观中。太子承乾数亏礼度，侈纵日甚，太子左庶子于志宁撰《谏苑》二十卷讽之。是时，太子右庶子孔颖达每犯颜进谏。承乾乳母遂安夫人谓颖达曰："太子长成，何宜屡得面折？"

对曰："蒙国厚恩，死无所恨。"谏诤愈切。

承乾令撰《孝经义疏》，颖达又因文见意，愈广规谏之道。

---

① 储贰：储副，太子。

太宗并嘉纳之，二人各赐帛五百匹，黄金一斤，以励承乾之意。

03

贞观十三年。太子右庶子张玄素以承乾颇以游畋废学，上书谏曰：

臣闻皇天无亲，惟德是辅，苟违天道，人神同弃。然古三驱之礼，非欲教杀，将为百姓除害，故汤罗一面，天下归仁。今苑内娱猎，虽名异游畋，若行之无恒，终亏雅度。且傅说曰："学不师古，匪说攸闻。"然则弘道在于学古，学古必资师训。既奉恩诏，令孔颖达侍讲，望数存顾问，以补万一。仍博选有名行学士，兼朝夕侍奉。览圣人之遗教，察既往之行事，日知其所不足，月无忘其所能，此则尽善尽美。夏启、周诵焉足言哉！夫为人上者，未有不求其善，但以性不胜情，耽惑成乱。耽惑既甚，忠言尽塞，所以臣下苟顺，君道渐亏。古人有言："勿以小恶而不去，小善而不为。"故知祸福之来，皆起于渐。殿下地居储贰，当须广树嘉猷[1]。既有好畋之淫，何以主斯

---

① 嘉猷：治国的良策。这里指良好的德行。

匕鬯？慎终如始，犹恐渐衰，始尚不慎，终将安保！

承乾不纳。玄素又上书谏曰：

臣闻称皇子入学而齿胄[1]者，欲令太子知君臣、父子、尊卑、长幼之道。然君臣之义，父子之亲，尊卑之序，长幼之节，用之方寸之内，弘之四海之外者，皆因行以远闻，假言以光被。伏惟殿下，睿质已隆，尚须学文以饰其表。窃见孔颖达、赵弘智等，非惟宿德鸿儒，亦兼达政要。望令数得侍讲，开释物理，览古论今，增辉睿德。至如骑射畋游，酣歌妓玩，苟悦耳目，终秽心神。渐染既久，必移情性。古人有言："心为万事主，动而无节即乱。"恐殿下败德之源，在于此矣。

承乾览书愈怒，谓玄素曰："庶子患风狂耶？"

04

十四年。太宗知玄素在东宫频有进谏，擢授银青光禄大夫，

---

① 齿胄：指太子与公卿之子入学均以年龄为序，而不以皇子为上。

行太子左庶子。时承乾尝于宫中击鼓，声闻于外，玄素叩阁请见，极言切谏。承乾乃出宫内鼓，对玄素毁之，遣户奴伺玄素早朝，阴以马楇[①]击之，殆至于死。是时承乾好营造亭观，穷极奢侈，费用日广。

玄素上书谏曰：

臣以愚蔽，窃位两宫，在臣有江海之润，于国无秋毫之益，是用必竭愚诚，思尽臣节者也。伏惟储君之寄，荷载殊重，如其积德不弘，何以嗣守成业？圣上以殿下亲则父子，事兼家国，所应用物，不为节限。恩旨未逾六旬，用物已过七万，骄奢之极，孰云过此？龙楼之下，惟聚工匠；望苑之内，不睹贤良。今言孝敬，则阙侍膳问竖之礼[②]；语恭顺，则违君父慈训之方；求风声，则无学古好道之实；观举措，则有因缘诛戮之罪。宫臣正士，未尝在侧，群邪淫巧，昵近深宫。爱好者皆游伎杂色，施与者并图画雕镂。在外瞻仰，已有此失；居中隐密，宁可胜计哉！宣猷[③]禁门，不异阛阓[④]，朝入

---

① 马楇（zhuā）：即马鞭子。

② 侍膳问竖之礼：皇子伺候父皇母后饮食及问安的礼节。

③ 宣猷（yóu）：施展谋划与方略，这里指发布政令。

④ 阛阓（huán huì）：街市，街道。

暮出，恶声渐远。右庶子赵弘智经明行修，当今善士，臣每请望数召进，与之谈论，庶广徽猷[①]。令旨反有猜嫌，谓臣妄相推引。从善如流，尚恐不逮；饰非拒谏，必是招损。古人云："苦药利病，苦口利行。"伏愿居安思危，日慎一日。

书入，承乾大怒，遣刺客将加屠害，俄属宫废。

05

贞观十四年。太子詹事于志宁以太子承乾广造宫室，奢侈过度，耽好声乐，上书谏曰：

臣闻克俭节用，实弘道之源；崇侈恣情，乃败德之本。是以凌云概日，戎人于是致讥；峻宇雕墙，《夏书》以之作诫。昔赵盾匡晋，吕望师周，或劝之以节财，或谏之以厚敛。莫不尽忠以佐国，竭诚以奉君，欲使茂实播于无穷，英声被乎物听[②]。咸著简策，用为美谈。且今所居东宫，隋日营建，睹之者尚讥其侈，见之

① 徽猷：美善之道。语出《诗经 · 小雅 · 角弓》："君子有徽猷，小人与属。"

② 物听：众人之言论。

者犹叹甚华。何容于此中更有修造？财帛日费，土木不停，穷斤斧之工，极磨砻之妙？且丁匠官奴入内，比者曾无复监。此等或兄犯国章，或弟罹王法，往来御苑，出入禁闱，钳凿缘其身，槌杵在其手。监门本防非虑，宿卫以备不虞，直长既自不知，千牛又复不见。爪牙在外，厮役在内，所司何以自安，臣下岂容无惧？

又郑、卫之乐，古谓淫声。昔朝歌之乡，回车者墨翟；夹谷之会，挥剑者孔丘。先圣既以为非，通贤将以为失。顷闻宫内，屡有鼓声，大乐伎儿，入便不出。闻之者股栗，言之者心战。往年口敕[1]，伏请重寻，圣旨殷勤，明诫恳切。在于殿下，不可不思；至于微臣，不得无惧。

臣自驱驰宫阙，已积岁时，犬马尚解识恩，木石犹能知感，臣所有管见，敢不尽言。如鉴以丹诚，则臣有生路；若责其忤旨，则臣是罪人。但悦意取容，臧孙[2]方以疾疢[3]；犯颜逆耳，《春秋》比之药石。伏愿停工巧之作，罢久役之人，绝郑、卫之音，斥群小之辈。则三善允备，万国作贞矣。

---

① 口敕：皇帝的口谕。

② 臧孙：春秋时鲁国大夫，短小多智，号称“圣人”。

③ 疾疢（chèn）：一种热病。也泛指各种疾病。

承乾览书不悦。

06

十五年。承乾以务农之时召驾士等役，不许分番，人怀怨苦。又私引突厥群竖入宫。志宁上书谏曰：

臣闻上天盖高，日月光其德；明君至圣，辅佐赞其功。是以周诵升储，见匡毛、毕；汉盈居震，取资黄、绮。姬旦抗法于伯禽，贾生陈事于文帝，咸殷勤于端士，皆恳切于正人。历代贤君，莫不丁宁于太子者，良以地膺上嗣，位处储君。善则率土沾其恩，恶则海内罹其祸。近闻仆寺、司驭、驾士、兽医，始自春初，迄兹夏晚，常居内役，不放分番。或家有尊亲，阙于温凊；或室有幼弱，绝于抚养。春既废其耕垦，夏又妨其播殖。事乖存育，恐致怨嗟。傥闻天听，后悔何及？又突厥达哥支等，咸是人面兽心，岂得以礼义期，不可以仁信待。心则未识于忠孝，言则莫辩其是非，近之有损于英声，昵之无益于盛德。引之入阁，人皆惊骇，岂臣庸识，独用不安？殿下必须上副至尊圣情，下允黎元本望，不可轻微恶而不避，无容略小善而不为。理敦[1]杜渐之方，须有防萌之术。屏退不肖，狎近贤良。如此则善道日隆，德音自远。

承乾大怒，遣刺客张师政、纥干承基就舍杀之。是时丁母忧，起复为詹事。二人潜入其第，见志宁寝处苫庐，竟不忍而止。及承乾败，太宗知其事，深勉劳之。

---

① 敦：督促，引申为治理。

第五卷

第13章　论仁义

01

贞观元年。太宗曰："朕看古来帝王，以仁义为治者，国祚延长；任法御人者，虽救弊于一时，败亡亦促。既见前王成事，足是元龟[①]，今欲专以仁义诚信为治，望革近代之浇薄也。"

黄门侍郎王珪对曰："天下雕丧日久，陛下承其余弊，弘道移风，万代之福。但非贤不理，惟在得人。"

太宗曰："朕思贤之情，岂舍梦寐！"

给事中杜正伦进曰："世必有才，随时听用。岂待梦傅说，逢吕尚，然后为治乎？"

太宗深纳其言。

---

① 元龟：大龟，古人用以占卜吉凶。引申为鉴戒。

02

贞观二年。太宗谓侍臣曰："朕谓乱离之后，风俗难移。比观百姓渐知廉耻，官人奉法，盗贼日稀，故知人无常俗，但政有治乱耳。是以为国之道，必须抚之以仁义，示之以威信，因人之心，去其苛刻，不作异端，自然安静。公等宜共行斯事也。"

03

贞观四年。房玄龄奏言："今阅武库甲仗，胜隋日远矣。"

太宗曰："饬兵备寇虽是要事，然朕惟欲卿等存心理道，务尽忠贞，使百姓安乐，便是朕之甲仗。隋炀帝岂为甲仗不足以至灭亡，正由仁义不修，而群下怨叛故也。宜识此心。"

04

贞观十三年。太宗谓侍臣曰："林深则鸟栖，水广则鱼游，仁义积则物自归之。人皆知畏避灾害，不知行仁义则灾害不生。夫仁义之道，当思之在心，常令相继，若斯须懈怠，去之已远。犹如饮食资身，恒令腹饱，乃可存其性命。”

王珪顿首曰：“陛下能知此言，天下幸甚！”

第14章　论忠义

01

冯立，武德中为东宫率[①]，甚被隐太子亲遇。太子之死也，左右多逃散，立叹曰："岂有生受其恩，而死逃其难！"于是率兵犯玄武门，苦战，杀屯营将军敬君弘。谓其徒曰："微以报太子矣。"遂解兵遁于野。

俄而来请罪，太宗数之曰："汝昨者出兵来战，大杀伤吾兵，将何以逃死？"

立饮泣而对曰："立出身事主，期之效命，当战之日，无所顾惮。"因歔欷悲不自胜，太宗慰勉之，授左屯卫中郎将。

立谓所亲曰："逢莫大之恩，幸而获免，终当以死奉答。"

---

① 东宫率：唐制，在东宫掌兵仗宿卫之职。

未几，突厥至便桥，率数百骑与虏战于咸阳，杀获甚众，所向皆披靡，太宗闻而嘉叹之。时有齐王元吉府左车骑谢叔方率府兵与立合军拒战，及杀敬君弘、中郎将吕衡，王师不振，秦府护军尉迟敬德乃持元吉首以示之，叔方下马号泣，拜辞而遁。

明日出首，太宗曰："义士也。"命释之，授右翊卫郎将。

02

贞观元年。太宗尝从容言及隋亡之事，慨然叹曰："姚思廉不惧兵刃，以明大节，求诸古人，亦何以加也！"

思廉时在洛阳，因寄物三百段，并遗其书曰：

> 想卿忠节之风，故有斯赠。

初，大业末，思廉为隋代王侑[①]侍读，及义旗克京城时，代王府僚多骇散，惟思廉侍王，不离其侧。兵士将升殿，思廉厉声谓曰："唐公举义兵，本匡王室，卿等不宜无礼于王！"

众服其言，于是稍却，布列阶下。须臾，高祖至，闻而义之，许其扶代王侑至顺阳阁下，思廉泣拜而去。

---

① 代王侑：即代王杨侑，李渊攻入长安后拥立他为帝，是为隋恭帝。在位半年，武德二年遇害，年仅十五岁。

见者咸叹曰："忠烈之士，仁者有勇，此之谓乎！"

03

贞观二年。将葬故息隐王建成、海陵王元吉，尚书右丞魏徵与黄门侍郎王珪请预陪送。上表曰：

> 臣等昔受命太上，委质东宫，出入龙楼，垂将一纪。前宫结衅宗社，得罪人神，臣等不能死亡，甘从夷戮，负其罪戾，置录周行[①]，徒竭生涯，将何上报？陛下德光四海，道冠前王，陟冈有感，追怀棠棣，明社稷之大义，申骨肉之深恩，卜葬二王，远期有日。臣等永惟畴昔，忝曰旧臣，丧君有君，虽展事君之礼；宿草将列，未申送往之哀。瞻望九原，义深凡百，望于葬日，送至墓所。

太宗义而许之，于是宫府旧僚吏尽令送葬。

① 周行：周官之行列，后泛指朝官。

04

贞观五年。太宗谓侍臣曰：“忠臣烈士，何代无之。公等知隋朝谁为忠贞？”

王珪曰：“臣闻太常丞元善达在京留守，见群贼纵横，遂转骑远诣江都，谏炀帝，令还京师。既不受其言，后更涕泣极谏，炀帝怒，乃远使追兵，身死瘴疠之地。有虎贲郎中独孤盛在江都宿卫，宇文化及起逆，盛惟一身，抗拒而死。”

太宗曰：“屈突通为隋将，共国家战于潼关，闻京城陷，乃引兵东走。义兵追及于桃林，朕遣其家人往招慰，遽杀其奴。又遣其子往，乃云：‘我蒙隋家驱使，已事两帝，今者吾死节之秋，汝旧于我家为父子，今则于我家为仇雠。’因射之，其子避走，所领士卒多溃散。通惟一身，向东南恸哭尽哀。曰：‘臣荷国恩，任当将帅，智力俱尽，致此败亡，非臣不竭诚于国。’言尽，追兵擒之。太上皇授其官，每托疾固辞。此之忠节，足可嘉尚。”

因敕所司，采访大业中直谏被诛者子孙闻奏。

05

贞观六年。授左光禄大夫陈叔达礼部尚书，因谓曰：“武德中，公曾进直言于太上皇，明朕有克定大功，不可黜退云。朕本性刚烈，若有抑挫，恐不胜忧愤，以致疾毙之危。今赏公忠謇，有此迁授。”

叔达对曰：“臣以隋氏父子自相诛戮，以至灭亡，岂容目睹覆车，不改前辙？臣所以竭诚进谏。”

太宗曰：“朕知公非独为朕一人，实为社稷之计。”

06

贞观八年。先是桂州都督李弘节以清慎闻，及身殁后，其家卖珠。太宗闻之，乃宣于朝曰：“此人生平，宰相皆言其清，今日既然，所举者岂得无罪？必当深理之，不可舍也。”

侍中魏徵承间[①]言曰：“陛下生平言此人浊，未见受财之所。今闻其卖珠，将罪举者，臣不知所谓。自圣朝以来，为国尽忠，清贞慎守，终始不渝，屈突通、张道源[②]而已。通子三人来选，有一匹羸马；道源儿子不能存立，未见一言及之。今弘节为国立功，前后大蒙赏赉，居官殁后，不言贪残，妻子卖珠，未为有罪。审其清者，无所存问，疑其浊者，旁责举人，虽云疾恶不疑，是亦好善不笃。臣窃思度，未见其可，恐有识闻之，必生横议。”

---

① 承间：趁机。

② 张道源（？—624）：历职九卿，以清廉、谨慎闻名，死时家中唯粟两石。

太宗抚掌曰："造次不思，遂有此语，方知谈不容易。并勿问之，其屈突通、张道源儿子，宜各与一官。"

07

贞观七年。太宗将发诸道黜陟使，畿内道[①]未有其人，太宗亲定，问于房玄龄等曰："此道事最重，谁可充使？"

右仆射李靖曰："畿内事大，非魏徵莫可。"

太宗作色曰："朕今欲向九成宫，亦非小，宁可遣魏徵出使？朕每行不欲与其相离者，适为其见朕是非得失。公等能正朕不？何因辄有所言，大非道理。"

乃即令李靖充使。

08

贞观九年。萧瑀为尚书左仆射。尝因宴集，太宗谓房玄龄曰："武德六年已后，太上皇有废立之心，我当此日，不为兄弟所容，实有功高不赏之惧。萧瑀不可以厚利诱之，不可以刑戮惧之，真社稷臣也。"乃赐诗曰：

---

① 畿内道：即关内道，贞观元年设置。

疾风知劲草，板荡识诚臣。[①]

瑀拜谢曰：“臣特蒙诫训，许臣以忠谅，虽死之日，犹生之年。”

09

贞观十一年。太宗行至汉太尉杨震[②]墓，伤其以忠非命，亲为文以祭之。房玄龄进曰：“杨震虽当年夭枉，数百年后方遇圣明，停舆驻跸[③]，亲降神作，可谓虽死犹生，没而不朽。不觉助伯起幸赖欣跃于九泉之下矣。伏读天文，且感且慰，凡百君子，焉敢不勖励名节，知为善之有效！”

10

贞观十一年。太宗谓侍臣曰：“狄人[④]杀卫懿公[⑤]，尽食其肉，

---

① 该诗是唐太宗李世民的五言绝句《赐萧瑀》：“疾风知劲草，板荡识诚臣。勇夫安识义，智者必怀仁。”板荡，指政局混乱，社会动荡不安。

② 杨震（59—124）：字伯起。好博览群书，时称“关西孔子”。因多次上书进谏，被诬自杀。

③ 停舆驻跸：帝王出行于途中停留或暂住。

④ 狄人：我国古代北方游牧民族。

⑤ 卫懿公：名赤，卫惠公之子，嗜好养鹤，人称“鹤将军”。

独留其肝。懿公之臣弘演[①]呼天大哭，自出其肝，而内懿公之肝于其腹中。今觅此人，恐不可得。”

特进魏徵对曰：“昔豫让为智伯报雠，欲刺赵襄子，襄子执而获之，谓之曰：‘子昔事范、中行氏[②]乎？智伯尽灭之，子乃委质智伯，不为报雠；今即为智伯报雠，何也？’让答曰：‘臣昔事范、中行，范、中行以众人遇我，我以众人报之。智伯以国士遇我，我以国士报之。’在君礼之而已，亦何谓无人焉？”

11

贞观十二年。太宗幸蒲州，因诏曰：

隋故鹰击郎将尧君素，往在大业，受任河东，固守忠义，克终臣节。虽桀犬吠尧，有乖倒戈之志，疾风劲草，实表岁寒之心。爰践兹境，追怀往事，宜锡宠命，以申劝奖。可追赠蒲州刺史，仍访其子孙以闻。

---

① 弘演：春秋时卫国大夫，很受卫国国君器重。

② 范、中行氏：春秋时，晋有范氏、中行氏、智氏、韩氏、魏氏、赵氏，称六卿。

12

贞观十二年。太宗谓中书侍郎岑文本曰："梁、陈名臣，有谁可称？复有子弟堪招引否？"

文本奏言："隋师入陈，百司奔散，莫有留者，惟尚书仆射袁宪独在其主之傍。王世充将受隋禅，群僚表请劝进，宪子国子司业[①]承家托疾独不署名。此之父子，足称忠烈。承家弟承序，今为建昌令，清贞雅操，实继先风。"由是召拜晋王[②]友，兼令侍读，寻授弘文馆学士。

13

贞观十五年。诏曰：

朕听朝之暇，观前史，每览前贤佐时，忠臣徇国，何尝不想见其人，废书钦叹！至于近代以来，年岁非远，然其胤绪或当见存，纵未能显加旌表，无容弃之遐

---

① 国子司业：国子监的一种官职，协助祭酒主管监务。

② 晋王：指李治。

裔[1]。其周、隋二代名臣及忠节子孙，有贞观已来犯罪配流者，宜令所司具录奏闻。

于是多从矜宥[2]。

14

贞观十九年。太宗攻辽东安市城，高丽人众皆死战。诏令耨萨延寿[3]、惠真等降众止其城下以招之，城中坚守不动。每见帝幡旗，必乘城鼓噪。帝怒甚，诏江夏王道宗筑土山以攻其城，竟不能克。太宗将旋师，嘉安市城主坚守臣节，赐绢三百匹，以劝励事君者。

① 遐裔：僻远地区。

② 矜宥：矜怜宽宥。

③ 耨萨延寿：耨萨，高丽部落酋长称号。延寿，即高延寿。

第15章　论孝友

01

司空房玄龄事继母，能以色养[①]，恭谨过人。其母病，请医人至门，必迎拜垂泣。及居丧，尤甚柴毁[②]。太宗命散骑常侍刘洎就加宽譬，遗寝床、粥食、盐菜。

02

虞世南，初仕隋，历起居舍人[③]，宇文化及弑逆之际，其兄世基时为内史侍郎，将被诛，世南抱持号泣，请以身代死，化及竟

---

① 色养：子女和颜悦色奉养双亲称为“色养”。

② 柴毁：指骨瘦如柴貌。

③ 起居舍人：官名，隋炀帝始置，负责记录帝王言行。

不纳。世南自此哀毁骨立者数载，时人称重焉。

03

韩王元嘉，贞观初为潞州刺史，时年十五。在州闻太妃[①]有疾，便涕泣不食。及至京师发丧，哀毁过礼。太宗嘉其至性，屡慰勉之。元嘉闺门修整，有类寒素士大夫，与其弟鲁哀王灵夔甚相友爱，兄弟集见，如布衣之礼。其修身洁己，内外如一，当代诸王莫能及者。

04

霍王元轨，武德中初封为吴王。贞观七年，为寿州刺史。属高祖崩，去职，毁瘠过礼。自后常衣布服，示有终身之戚。

太宗尝问侍臣曰："朕子弟孰贤？"

侍中魏徵对曰："臣愚暗，不尽知其能，惟吴王数与臣言，臣未尝不自失。"

太宗曰："卿以为前代谁比？"

徵曰："经学文雅，亦汉之间、平，至如孝行，乃古之曾、

① 太妃：指宇文昭仪，韩王李元嘉之母。

闵也。”

由是宠遇弥厚，因令妻徵女焉。

05

贞观中。有突厥史行昌直玄武门，食而舍肉，人问其故，曰：“归以奉母。”

太宗闻而叹曰：“仁孝之性，岂隔华夷？”

赐尚乘[1]马一匹，诏令给其母肉料。

① 尚乘：指尚乘局，负责管理皇家马匹的机关。

第16章　论公平

01

太宗初即位，中书令房玄龄奏言：“秦府旧左右未得官者，并怨前宫及齐府左右处分之先己。”

太宗曰：“古称至公者，盖谓平恕[①]无私。丹朱、商均，子也，而尧、舜废之；管叔、蔡叔，兄弟也，而周公诛之。故知君人者，以天下为公，无私于物。昔诸葛孔明，小国之相，犹曰‘吾心如称，不能为人作轻重’，况我今理大国乎？朕与公等衣食出于百姓，此则人力已奉于上，而上恩未被于下，今所以择贤才者，盖为求安百姓也。用人但问堪否，岂以新故异情？凡一面尚且相亲，况旧人而顿忘也！才若不堪，亦岂以旧人而先用？今

① 平恕：持平宽仁，公平正义。

不论其能不能，而直言其怨嗟，岂是至公之道耶？”

02

贞观元年。有上封事者，请秦府旧兵并授以武职，追入宿卫。太宗谓曰：“朕以天下为家，不能私于一物，惟有才行是任，岂以新旧为差？况古人云：‘兵犹火也，弗戢[①]将自焚。’汝之此意，非益政理。”

03

贞观元年。吏部尚书长孙无忌尝被召，不解佩刀入东上阁门，出阁门后，监门校尉始觉。尚书右仆射封德彝议以监门校尉不觉，罪当死；无忌误带刀入，徒二年，罚铜二十斤。太宗从之。

大理少卿戴胄驳曰：“校尉不觉，无忌带刀入内，同为误耳。夫臣子之于尊极，不得称误，准律云：‘供御汤药、饮食、舟船，误不如法者，皆死。’陛下若录其功，非宪司所决；若当据法，罚铜未为得理。”

---

① 戢：收敛，停止。

太宗曰："法者非朕一人之法，乃天下之法，何得以无忌国之亲戚，便欲挠法耶？"更令定议。

德彝执议如初，太宗将从其议，胄又驳奏曰："校尉缘无忌以致罪，于法当轻，若论其过误，则为情一也，而生死顿殊，敢以固请。"太宗乃免校尉之死。

是时，朝廷大开选举，或有诈伪阶资者，太宗令其自首，不首，罪至于死。俄有诈伪者事泄，胄据法断流以奏之。

太宗曰："朕初下敕，不首者死，今断从法，是示天下以不信矣。"

胄曰："陛下当即杀之，非臣所及，既付所司，臣不敢亏法。"

太宗曰："卿自守法，而令朕失信耶？"

胄曰："法者，国家所以布大信于天下，言者，当时喜怒之所发耳！陛下发一朝之忿而许杀之。既知不可而置之以法，此乃忍小忿而存大信，臣窃为陛下惜之。"

太宗曰："法有所失，卿能正之，朕复何忧也！"

04

贞观二年。太宗谓房玄龄等曰："朕比见隋代遗老，咸称高颎[①]善为相者，遂观其本传，可谓公平正直，尤识治体，隋室安

① 高颎（jiǒng；？—607）：隋朝名相，一名敏，字昭玄。后因议论隋炀帝奢靡，被诛。

危，系其存没。炀帝无道，枉见诛夷，何尝不想见此人，废书欷叹！又汉、魏已来，诸葛亮为丞相，亦甚平直，尝表废廖立、李严于南中，立闻亮卒，泣曰：‘吾其左衽[①]矣！’严闻亮卒，发病而死。故陈寿称：‘亮之为政，开诚心，布公道，尽忠益时者，虽仇必赏；犯法怠慢者，虽亲必罚。’卿等岂可不企慕及之？朕今每慕前代帝王之善者，卿等亦可慕宰相之贤者，若如是，则荣名高位，可以长守。”

玄龄对曰：“臣闻理国要道，在于公平正直，故《尚书》云：‘无偏无党，王道荡荡。无党无偏，王道平平。’又孔子称‘举直错诸枉则民服’。今圣虑所尚，诚足以极政教之源，尽至公之要，囊括区宇，化成天下。”

太宗曰：“此直朕之所怀，岂有与卿等言之而不行也？”

05

长乐公主，文德皇后所生也。贞观六年将出降[②]，敕所司资送倍于长公主。

魏徵奏言：“昔汉明帝欲封其子，帝曰：‘朕子岂得同于先帝

---

① 左衽：衣襟向左掩。我国古代少数民族服装的前襟是向左的，别于中原的右衽。引申为国家灭，外族入。

② 出降（jiàng）：出嫁、下嫁。

子乎？可半楚、淮阳王[1]。’前史以为美谈。天子姊妹为长公主，天子之女为公主。既加‘长’字，良以尊于公主也，情虽有殊，义无等别。若令公主之礼有过长公主，理恐不可，实愿陛下思之。”太宗称善。

乃以其言告后，后叹曰：“尝闻陛下敬重魏徵，殊未知其故，而今闻其谏，乃能以义制人主之情，真社稷臣矣！妾与陛下结发为夫妻，曲蒙礼敬，情义深重，每将有言，必候颜色，尚不敢轻犯威严，况在臣下，情疏礼隔，故韩非谓之说难，东方朔称其不易，良有以也。忠言逆耳而利于行，有国有家者深所要急，纳之则世治，杜之则政乱，诚愿陛下详之，则天下幸甚！”

因请遣中使赍帛五百匹，诣徵宅以赐之。

06

刑部尚书张亮坐谋反下狱，诏令百官议之，多言亮当诛，惟殿中少监李道裕奏亮反形未具，明其无罪。太宗既盛怒，竟杀之。俄而刑部侍郎有阙，令宰相妙择其人，累奏不可。太宗曰：“吾已得其人矣。往者李道裕议张亮云‘反形未具’，可谓公平矣。当时虽不用其言，至今追悔。”遂授道裕刑部侍郎。

---

① 楚、淮阳王：指光武帝刘秀的两个儿子，楚王刘英和淮阳王刘昺。

07

贞观初。太宗谓侍臣曰："朕今孜孜求士，欲专心政道，闻有好人，则抽擢驱使。而议者多称'彼者皆宰臣亲故'，但公等至公行事，勿避此言，便为形迹。古人'内举不避亲，外举不避仇'，而为举得其真贤故也。但能举用得才，虽是子弟及有仇嫌，不得不举。"

08

贞观十一年。时屡有阉宦充外使，妄有奏，事发，太宗怒。魏徵进曰："阉竖虽微，狎近左右，时有言语，轻而易信，浸润之谮，为患特深。今日之明，必无此虑，为子孙教，不可不杜绝其源。"

太宗曰："非卿，朕安得闻此语？自今已后，充使宜停。"

魏徵因上疏曰：

臣闻为人君者，在乎善善而恶恶，近君子而远小人。善善明则君子进矣，恶恶著则小人退矣；近君子则朝无粃政，远小人则听不私邪。小人非无小善，君子非无小过。君子小过，盖白玉之微瑕；小人小善，乃铅刀之一割。铅刀一割，良工之所不重，小善不足以掩众恶也；白玉微瑕，善贾之所不弃，小疵不足以妨大美也。善小人之小善，谓之善善，恶君子之小过，谓之恶恶，此则蒿兰同嗅，玉石不分，屈原所以沉江，卞和所以泣血者也。既识玉石之分，又辨蒿兰之臭，善善而不能进，恶恶而不能去，此郭氏所以为墟，史鱼[①]所以遗恨也。

陛下聪明神武，天姿英睿，志存泛爱，引纳多涂，好善而不甚择人，疾恶而未能远佞。又出言无隐，疾恶太深，闻人之善或未全信，闻人之恶以为必然。虽有独见之明，犹恐理或未尽。何则？君子扬人之善，小人讦人之恶。闻恶必信，则小人之道长矣；闻善或疑，则君子之道消矣。为国家者，急于进君子而退小人，乃使君子道消，小人道长，则君臣失序，上下否隔，乱亡不恤，将何以理乎？且世俗常人，心无远虑，情在告讦，好言朋党。夫以善相成谓之同德，以恶相济谓之朋党，今则清浊共流，善恶无别，以告讦为诚直，以同德为朋党。以之为朋党则谓事无可信，以之为诚直则谓言皆可

---

① 史鱼：春秋时卫国大夫，其临死前因未能规劝君王进贤而抱恨，故以陈尸窗边来警醒卫灵公。

取。此君恩所以不结于下，臣忠所以不达于上。大臣不能辩正，小臣莫之敢论，远近承风，混然成俗，非国家之福，非为理之道。适足以长奸邪，乱视听，使人君不知所信，臣下不得相安。若不远虑，深绝其源，则后患未之息也。今之幸而未败者，由乎君有远虑，虽失之于始，必得之于终故也。若时逢少隳，往而不返，虽欲悔之，必无所及。既不可以传诸后嗣，复何以垂法将来？且夫进善黜恶，施于人者也；以古作鉴，施于己者也。鉴貌在乎止水，鉴己在乎哲人。能以古之哲王，鉴于己之行事，则貌之妍丑宛然在目，事之善恶自得于心，无劳司过[①]之史，不假刍荛之议，巍巍之功日著，赫赫之名弥远。为人君者不可务乎？

臣闻道德之厚，莫尚于轩、唐；仁义之隆，莫彰于舜、禹。欲继轩、唐之风，将追舜、禹之迹，必镇之以道德，弘之以仁义，举善而任之，择善而从之。不择善任能而委之俗吏，既无远度，必失大体，惟奉三尺之律，以绳四海之人，欲求垂拱无为，不可得也。故圣哲君临，移风易俗，不资严刑峻法，在仁义而已。故非仁无以广施，非义无以正身。惠下以仁，正身以义，则其

① 司过：掌纠察百官过失之职。

政不严而理，其教不肃而成矣。然则仁义，理之本也；刑罚，理之末也。为理之有刑罚，犹执御之有鞭策也。人皆从化，而刑罚无所施；马尽其力，则鞭策无所用。由此言之，刑罚不可致理，亦已明矣。故《潜夫论》曰："人君之治，莫大于道德教化也。民有性、有情、有化、有俗。情性者，心也，本也；化俗者，行也，末也。是以上君抚世，先其本而后其末，顺其心而履其行。心情苟正，则奸慝无所生，邪意无所载矣。是故上圣无不务理民心，故曰：'听讼，吾犹人也，必也使无讼乎？'道之以礼，务厚其性而明其情。民相爱，则无相伤害之意；动思义，则无畜奸邪之心。若此，非律令之所理也，此乃教化之所致也。圣人甚尊德礼而卑刑罚，故舜先敕契以敬敷五教[①]，而后任咎繇以五刑[②]也。凡立法者，非以司民短而诛过误也，乃以防奸恶而救祸患，检淫邪而内正道。民蒙善化，则人有士君子之心；被恶政，则人有怀奸乱之虑。故善化之养民，犹工之为曲豉[③]也。六合之民，犹一荫也，黔首之属，犹豆麦也，变化云为，在将者耳！遭良吏，则怀忠信而履仁厚；遇

① 五教：五种道德伦理，即父义、母慈、兄友、弟恭、子孝。

② 五刑：古代指墨（脸刻字）、劓（割鼻子）、刖（断足）、宫（男割势、女幽闭）、大辟（死刑）五种刑罚。

③ 曲豉：即豆豉，一种调味品。

恶吏，则怀奸邪而行浅薄。忠厚积，则致太平；浅薄积，则致危亡。是以圣帝明王，皆敦德化而薄威刑也。德者，所以循己也；威者，所以理人也。民之生也，犹铄金在炉，方圆薄厚，随镕制耳！是故世之善恶，俗之薄厚，皆在于君。世之主诚能使六合之内、举世之人，感忠厚之情而无浅薄之恶，各奉公正之心而无奸险之虑，则醇醲[①]之俗，复见于兹矣。”后王虽未能遵古，专尚仁义，当慎刑恤典，哀敬无私，故管子曰：“圣君任法不任智，任公不任私。”故王天下，理国家。

贞观之初，志存公道，人有所犯，一一于法。纵临时处断，或有轻重，但见臣下执论，无不忻然受纳。民知罪之无私，故甘心而不怨；臣下见言无忤，故尽力以效忠。顷年以来，意渐深刻，虽开三面之网而察见川中之鱼，取舍在于爱憎，轻重由乎喜怒。爱之者，罪虽重而强为之辞；恶之者，过虽小而深探其意。法无定科，任情以轻重；人有执论，疑之以阿伪。故受罚者无所控告，当官者莫敢正言。不服其心，但穷其口，欲加之罪，其无辞乎？又五品已上有犯，悉令曹司闻奏。本欲察其情状，有所哀矜；今乃曲求小节，或重其罪，使

① 醇醲：酒味浓厚，比喻风俗淳厚。

人攻击，惟恨不深。事无重条，求之法外，所加十有六七。故顷年犯者惧上闻，得付法司，以为多幸。告讦无已，穷理不息，君私于上，吏奸于下，求细过而忘大体，行一罚而起众奸，此乃背公平之道，乖泣辜之意，欲其人和讼息，不可得也。

故《体论》[①]云："夫淫泆盗窃，百姓之所恶也，我从而刑罚之，虽过乎当，百姓不以我为暴者，公也。怨旷饥寒，亦百姓之所恶也，遁而陷之法，我从而宽宥之，百姓不以我为偏者，公也。我之所重，百姓之所憎也；我之所轻，百姓之所怜也。是故赏轻而劝善，刑省而禁奸。"由此言之，公之于法，无不可也，过轻亦可；私之于法，无可也，过轻则纵奸，过重则伤善。圣人之于法也公矣，然犹惧其未也，而救之以化，此上古所务也。后之理狱者则不然：未讯罪人，则先为之意；及其讯之，则驱而致之意，谓之能；不探狱之所由，生为之分，而上求人主之微旨以为制，谓之忠。其当官也能，其事上也忠，则名利随而与之，驱而陷之，欲望道化之隆，亦难矣。

凡听讼吏狱，必原父子之亲，立君臣之义，权轻重

---

① 《体论》：三国时魏幽州刺史杜恕撰，共四卷。

之序，测浅深之量。悉其聪明，致其忠爱，然后察之，疑则与众共之。疑则从轻者，所以重之也，故舜命咎繇曰：“汝作士，惟刑之恤。”又复加之以三讯，众所善，然后断之。是以为法，参之人情。故《传》曰：“小大之狱，虽不能察，必以情。”而世俗拘愚苛刻之吏，以为情也者，取货者也，立爱憎者也，右亲戚者也，陷怨仇者也，何世俗小吏之情，与夫古人之悬远乎？有司以此情疑之群吏，人主以此情疑之有司，是君臣上下通相疑也，欲其尽忠立节，难矣。

凡理狱之情，必本所犯之事以主，不敢讯，不旁求，不贵多端，以见聪明，故律正其举劾之法，参伍[①]其辞，所以求实也，非所以饰实也。但当参伍明听之耳，不使狱吏锻炼[②]饰理成辞于手。孔子曰：“古之听狱，求所以生之也；今之听狱，求所以杀之也。”故析言以破律，任案以成法，执左道以必加也。又《淮南子》曰：“沣水之深十仞，金铁在焉，则形见于外。非不深且清，而鱼鳖莫之归也。”故为者以苛为察，以功为明，以刻下为忠，以讦多为功，譬犹广革，大则大矣，裂之道也。夫赏宜从重，罚宜从轻，君居其厚，百王通制。

---

① 参伍：亦作“参五”，错综交杂。

② 锻炼：本义为锻造或冶炼。这里指屈打成招，构陷。

刑之轻重，恩之厚薄，见思与见疾，其可同日言哉！且法，国之权衡也，时之准绳也。权衡所以定轻重，准绳所以正曲直，今作法贵其宽平，罪人欲其严酷，喜怒肆志，高下在心，是则舍准绳以正曲直，弃权衡而定轻重者也，不亦惑哉？诸葛孔明，小国之相，犹曰："吾心如秤，不能为人作轻重。"况万乘之主，当可封之日，而任心弃法，取怨于人乎！

又时有小事，不欲人闻，则暴作威怒，以弭谤议。若所为是也，闻于外，其何伤？若所为非也，虽掩之，何益？故谚曰："欲人不知，莫若不为；欲人不闻，莫若勿言。"为之而欲人不知，言之而欲人不闻，此犹捕雀而掩目，盗钟而掩耳者，只以取诮，将何益乎？臣又闻之，无常乱之国，无不可理之民者。夫民之善恶由乎化之薄厚，故禹、汤以之理，桀、纣以之乱；文、武以之安，幽、厉以之危。是以古之哲王，尽己而不以尤人，求身而不以责下。故曰："禹、汤罪己，其兴也勃焉；桀、纣罪人，其亡也忽焉。"为之无已，深乖恻隐之情，实启奸邪之路。温舒恨于曩日，臣亦欲惜不用，非所不闻也。臣闻尧有敢谏之鼓，舜有诽谤之木，汤有司过之史，武有戒慎之铭。此则听之于无形，求之于未有，虚心以待下，庶下情之达上，上下无私，君臣合德者也。

魏文帝云："有德之君乐闻逆耳之言，犯颜之诤，亲忠臣，厚谏士，斥谗慝，远佞人者，诚欲全身保国，远避灭亡者也。"凡百君子，膺期统运，纵未能上下无私，君臣合德，可不全身保国，远避灭亡乎？然自古圣哲之君，功成事立，未有不资同心，予违汝弼[①]者也。

昔在贞观之初，侧身励行，谦以受益。盖闻善必改，时有小过，引纳忠规，每听直言，喜形颜色。故凡在忠烈，咸竭其辞。自顷年海内无虞，远夷慑服，志意盈满，事异厥初。高谈疾邪，而喜闻顺旨之说；空论忠谠，而不悦逆耳之言。私嬖[②]之径渐开，至公之道日塞，往来行路，咸知之矣。邦之兴衰，实由斯道。为人上者，可不勉乎？臣数年以来，每奉明旨，深惧群臣莫肯尽言。臣切思之，自比来人或上书，事有得失，惟见述其所短，未有称其所长。又天居自高，龙鳞难犯，在于造次，不敢尽言，时有所陈，不能尽意，更思重竭，其道无因。且所言当理，未必加于宠秩，意或乖忤，将有耻辱随之，莫能尽节，实由于此。虽左右近侍，朝夕阶墀[③]，事或犯颜，咸怀顾望。况疏远不接，将何以极其

---

① 予违汝弼：古代天子勖勉大臣进谏之词。言我有过，汝当匡正。

② 私嬖（bì）：营私偏爱，宠信小人。

③ 阶墀（chí）：台阶。代指宫殿。

忠款哉？又时或宣言云：“臣下见事，只可来道，何因所言，即望我用？”此乃拒谏之辞，诚非纳忠之意。何以言之？犯主严颜，献可替否，所以成主之美，匡主之过。若主听则惑，事有不行，使其尽忠谠之言，竭股肱之力，犹恐临时恐惧，莫肯效其诚款。若如明诏所道，便是许其面从，而又责其未尽言，进退将何所据？欲必使乎致谏，在乎好之而已。故齐桓好服紫，而合境无异色；楚王好细腰，而后宫多饿死。夫以耳目之玩，人犹死而不违，况圣明之君求忠正之士，千里斯应，信不为难。若徒有其言，而内无其实，欲其必至，不可得也。

太宗手诏曰：

省前后讽谕，皆切至之言，固所望于卿也。朕昔在衡门①，尚惟童幼，未渐师保之训，罕闻先达之言。值隋主分崩，万邦涂炭，惵惵②黔黎，庇身无所。朕自二九之年，有怀拯溺，发愤投袂，便提干戈，蒙犯霜露，东西征伐，日不暇给，居无宁岁。降苍昊之灵，禀庙堂之

① 衡门：横木为门，指屋舍简陋。

② 惵惵（dié）：恐惧貌。

略，义旗所指，触向平夷。弱水、流沙，并通輶轩[①]之使；被发左衽，皆为衣冠之域。正朔所班，无远不届。及恭承宝历，寅奉帝图，垂拱无为，氛埃靖息[②]，于兹十有余年，斯盖股肱罄帷幄之谋，爪牙竭熊罴之力，协德同心，以致于此。自帷寡薄，厚享斯休，每以抚大神器，忧深责重，常惧万机多旷，四聪不达，战战兢兢，坐以待旦。询于公卿，以至隶皂，推以赤心。庶几明赖，一动以钟石，淳风至德，永传于竹帛。克播鸿名，常为称首。朕以虚薄，多惭往代，若不任舟楫，岂得济彼巨川？不藉盐梅，安得调夫五味？

赐绢三百匹。

① 輶（yóu）轩：古代使臣乘坐的一种轻车，代指使臣。

② 氛埃靖息：未有战乱，天下太平。氛埃，喻指战乱。

第17章　论诚信

01

贞观初。有上书请去佞臣者。太宗谓曰："朕之所任，皆以为贤，卿知佞者谁耶？"

对曰："臣居草泽，不的知佞者，请陛下佯怒以试群臣，若能不畏雷霆，直言进谏，则是正人，顺情阿旨，则是佞人。"

太宗谓封德彝曰："流水清浊，在其源也。君者政源，人庶犹水，君自为诈，欲臣下行直，是犹源浊而望水清，理不可得。朕常以魏武帝多诡诈，深鄙其为人，如此，岂可堪为教令？"

谓上书人曰："朕欲使大信行于天下，不欲以诈道训俗，卿言虽善，朕所不取也。"

02

贞观十年。魏徵上疏曰：

臣闻为国之基，必资于德礼；君之所保，惟在于诚信。诚信立则下无二心，德礼形则远人斯格[①]。然则德礼诚信，国之大纲，在于君臣父子，不可斯须[②]而废也。故孔子曰："君使臣以礼，臣事君以忠。"又曰："自古皆有死，民无信不立。"文子曰："同言而信，信在言前；同令而行，诚在令外。"然则言而不信，言无信也；令而不从，令无诚也。不信之言，无诚之令，为上则败德，为下则危身。虽在颠沛之中，君子之所不为也。

自王道休明，十有余载，威加海外，万国来庭，仓廪日积，土地日广，然而道德未益厚，仁义未益博者，何哉？由乎待下之情，未尽于诚信，虽有善始之勤，未睹克终之美故也。昔贞观之始，乃闻善惊叹，暨八九年间，犹悦以从谏。自兹厥后，渐恶直言，虽或勉强有

---

① 格：至，归正。

② 斯须：片刻，须臾。

所容，非复曩时之豁如。謇谔[①]之辈，稍避龙鳞；便佞之徒，肆其巧辩。谓同心者为擅权，谓忠谠者为诽谤。谓之为朋党，虽忠信而可疑；谓之为至公，虽矫伪而无咎。强直者畏擅权之议，忠谠者虑诽谤之尤。正臣不得尽其言，大臣莫能与之争。荧惑视听，郁于大道，妨政损德，其在此乎？故孔子曰："恶利口之覆邦家者。"盖为此也。

且君子小人，貌同心异。君子掩人之恶，扬人之善，临难无苟免，杀身以成仁。小人不耻不仁，不畏不义，唯利之所在，危人自安。夫苟在危人，则何所不至？今欲将求致理，必委之于君子；事有得失，或访之于小人。其待君子也则敬而疏，遇小人也必轻而狎。狎则言无不尽，疏则情不上通。是则毁誉在于小人，刑罚加于君子。实兴丧之所在，可不慎哉？此乃孙卿所谓："使智者谋之，与愚者论之；使修洁之士行之，与污鄙之人疑之。欲其成功，可得乎哉？"夫中智之人，岂无小惠，然才非经国，虑不及远，虽竭力尽诚，犹未免于倾败；况内怀奸利，承颜顺旨，其为祸患，不亦深乎？夫立直木而疑影之不直，虽竭精神，劳思虑，其不得亦已

---

① 謇谔：正直敢言。

明矣。

夫君能尽礼，臣得竭忠，必在于内外无私，上下相信。上不信则无以使下，下不信则无以事上，信之为道大矣！昔齐桓公问于管仲曰：“吾欲使酒腐于爵，肉腐于俎，得无害霸乎？”管仲曰：“此极非其善者，然亦无害于霸也。”桓公曰：“如何而害霸乎？”管仲曰：“不能知人，害霸也；知而不能任，害霸也；任而不能信，害霸也；既信而又使小人参之，害霸也。”晋中行穆伯攻鼓①，经年而弗能下，馈间伦②曰：“鼓之啬夫③，间伦知之。请无疲士大夫，而鼓可得。”穆伯不应，左右曰：“不折一戟，不伤一卒，而鼓可得，君奚为不取？”穆伯曰：“间伦之为人也，佞而不仁。若使间伦下之，吾可以不赏之乎？若赏之，是赏佞人也。佞人得志，是使晋国之士舍仁而为佞。虽得鼓，将何用之？”夫穆伯，列国之大夫，管仲，霸者之良佐，犹能慎于信任，远避佞人也如此，况乎为四海之大君，应千龄之上圣，而可使巍巍至德之盛，将有所间乎？

若欲令君子小人是非不杂，必怀之以德，待之以

---

① 中行穆伯攻鼓：中行穆伯，春秋时晋国六卿之一。鼓，夷国名，被晋所灭，其地在今河北晋县。

② 馈间伦：中行穆伯帐下的幕僚。

③ 啬夫：司空属官，掌地方上的诉讼赋税。

信，厉之以义，节之以礼。然后善善而恶恶，审罚而明赏。则小人绝其私佞，君子自强不息，无为之治，何远之有？善善而不能进，恶恶而不能去，罚不及于有罪，赏不加于有功，则危亡之期，或未可保，永锡祚胤[①]，将何望哉！

太宗览疏叹曰："若不遇公，何由得闻此语！"

03

太宗尝谓长孙无忌等曰："朕即位之初，有上书者非一，或言人主必须威权独任，不得委任群下；或欲耀兵振武，慑服四夷。惟有魏徵劝朕'偃革兴文，布德施惠，中国既安，远人自服'。朕从此语，天下大宁，绝域君长，皆来朝贡，九夷重译，相望于道。凡此等事，皆魏徵之力也。朕任用，岂不得人？"

徵拜谢曰："陛下圣德自天，留心政术。实以庸短，承受不暇，岂有益于圣明？"

① 永锡祚胤：永远赐福于子孙后代。

04

贞观十七年。太宗谓侍臣曰：“《传》称‘去食存信’，孔子曰：‘人无信不立。’昔项羽既入咸阳，已制天下，向能力行仁信，谁夺耶？”

房玄龄对曰：“仁、义、礼、智、信，谓之五常，废一不可。能勤行之，甚有裨益。殷纣狎侮五常，武王夺之，项氏以无信为汉高祖所夺，诚如圣旨。”

第六卷

第18章　论俭约

01

贞观元年。太宗谓侍臣曰："自古帝王凡有兴造，必须贵顺物情。昔大禹凿九山，通九江，用人力极广而无怨讟者，物情所欲，而众所共有故也。秦始皇营建宫室而人多谤议者，为徇其私欲，不与众共故也。朕今欲造一殿，材木已具，远想秦皇之事，遂不复作也。古人云：'不作无益害有益。''不见可欲，使民心不乱。'固知见可欲，其心必乱矣。至如雕镂器物，珠玉服玩，若恣其骄奢，则危亡之期可立待也。自王公已下，第宅、车服、婚嫁、丧葬，准品秩不合服用者，宜一切禁断。"

由是二十年间，风俗简朴，衣无锦绣，财帛富饶，无饥寒之弊。

02

贞观二年。公卿奏曰：“依《礼》，季夏之月，可以居台榭。今夏暑未退，秋霖方始，宫中卑湿，请营一阁以居之。”

太宗曰：“朕有气疾，岂宜下湿？若遂来请，糜费良多。昔汉文将起露台，而惜十家之产，朕德不逮于汉帝，而所费过之，岂为人父母之道也？”

固请至于再三，竟不许。

03

贞观四年。太宗谓侍臣曰：“崇饰宫宇，游赏池台，帝王之所欲，百姓之所不欲。帝王所欲者放逸，百姓所不欲者劳弊。孔子云：‘有一言可以终身行之者，其恕乎！己所不欲，勿施于人。’劳弊之事，诚不可施于百姓。朕尊为帝王，富有四海，每事由己，诚能自节。若百姓不欲，必能顺其情也。”

魏徵曰：“陛下本怜百姓，每节己以顺人。臣闻：‘以欲从人者昌，以人乐己者亡。’隋炀帝志在无厌，惟好奢侈，所司每有供奉营造，小不称意，则有峻罚严刑。上之所好，下必有甚，竞为无限，遂至灭亡。此非书籍所传，亦陛下目所亲见。为其无道，故天命陛下代之。陛下若以为足，今日不啻足矣。若以为不足，更万倍过此亦不足。”

太宗曰：“公所奏对甚善！非公，朕安得闻此言？”

04

贞观十六年。太宗谓侍臣曰：“朕近读《刘聪传》[①]，聪将为刘后起䴔仪，廷尉陈元达切谏，聪大怒，命斩之。刘后手疏启请，辞情甚切，聪怒乃解，而甚愧之。人之读书，欲广闻见以自益耳，朕见此事，可以为深诫。比者欲造一小殿，仍构重阁，今于蓝田采木，并已备具，远想聪事，斯作遂止。”

05

贞观十一年。诏曰：

朕闻死者，终也，欲物之反真也；葬者，藏也，欲令人之不得见也。上古垂风，未闻于封树[②]；后世贻则，乃

① 刘聪（？—318）：字玄明，十六国汉赵国君，310—318年在位。在位期间穷兵黩武，大兴宫殿。

② 封树：堆土为坟，植树作饰。古代士以上的葬礼。

备于棺椁。讥僭侈者，非爱其厚费；美俭薄者，实贵其无危。是以唐尧，圣帝也，谷林有通树之说；秦穆，明君也，橐泉[①]无丘陇之处。仲尼，孝子也，防[②]墓不坟；延陵[③]，慈父也，嬴、博[④]可隐。斯皆怀无穷之虑，成独决之明，乃便体于九泉，非徇名于百代也。洎乎阖闾违礼，珠玉为凫雁；始皇无度，水银为江海；季孙擅鲁，敛以玙璠[⑤]；桓魋专宋，葬以石椁，莫不因多藏以速祸，由有利而招辱。玄庐[⑥]既发，致焚如于夜台；黄肠[⑦]再开，同暴骸于中野。详思曩事，岂不悲哉！由此观之，奢侈者可以为戒，节俭者可以为师矣。朕居四海之尊，承百王之弊，未明思化，中宵战惕。虽送往之典，详诸仪制，失礼之禁，著在刑书，而勋戚之家多流通于习俗，闾阎之内或侈靡而伤风。以厚葬为奉终，以高坟为行孝，遂使衣衾棺椁极雕刻之华，灵輀[⑧]冥器穷金玉之饰。富者越法度以相尚，贫者破资产而不逮。徒

---

① 橐泉：指橐泉宫，秦朝宫殿名。

② 防：地名，在今山东费县。

③ 延陵：即季札，春秋时吴王寿梦第四子，称公子札，因封于延陵，又称延陵季子。

④ 嬴、博：地名，都在今山东莱芜西北。

⑤ 玙璠（yú fán）：美玉。

⑥ 玄庐：墓之别称。

⑦ 黄肠：即黄肠题凑，古代天子的椁制，也赐给个别勋贵。用黄心柏木堆垒而成。

⑧ 灵輀（ér）：灵车。

伤教义，无益泉壤，为害既深，宜为惩革。其王公已下，爰及黎庶，自今已后，送葬之具有不依令式者，仰州府县官明加检察，随状科罪。在京五品已上及勋戚家，仍录奏闻。

06

岑文本为中书令，宅卑湿，无帷帐之饰。有劝其营产业者，文本叹曰："吾本汉南一布衣耳，竟无汗马之劳，徒以文墨，致位中书令，斯亦极矣。荷俸禄之重，为惧已多，更得言产业乎？"言者叹息而退。

户部尚书戴胄卒，太宗以其居宅弊陋，祭享无所，令有司特为之造庙。

温彦博为尚书右仆射，家贫无正寝，及薨，殡于旁室。太宗闻而嗟叹，遽命所司为造，当厚加赙赠。

魏徵宅内，先无正堂，及遇疾，太宗时欲造小殿，而辍其材为徵营构，五日而就。遣中使赍素褥布被而赐之，以遂其所尚。

第19章　论谦让

01

贞观二年。太宗谓侍臣曰："人言作天子则得自尊崇，无所畏惧，朕则以为正合自守谦恭，常怀畏惧。昔舜诫禹曰：'汝惟不矜，天下莫与汝争能；汝惟不伐，天下莫与汝争功。'[①]又《易》曰：'人道恶盈而好谦。'凡为天子，若惟自尊崇，不守谦恭者，在身傥有不是之事，谁肯犯颜谏奏？朕每思出一言，行一事，必上畏皇天，下惧群臣。天高听卑，何得不畏？群公卿士，皆见瞻仰，何得不惧？以此思之，但知常谦常惧，犹恐不称天心及百姓意也。"

魏徵曰："古人云：'靡不有初，鲜克有终。'愿陛下守此常谦常惧之道，日慎一日，则宗社永固，无倾覆矣。唐、虞所以太

① "汝惟不矜"句：语出《尚书·大禹谟》。不矜、不伐，不自大，不自我夸耀。

平，实用此法。”

02

贞观三年。太宗问给事中孔颖达曰：“《论语》云：‘以能问于不能，以多问于寡，有若无，实若虚。’何谓也？”

颖达对曰：“圣人设教，欲人谦光。已虽有能，不自矜大，仍就不能之人，求访能事。已之才艺虽多，犹病以为少，仍就寡少之人更求所益。已之虽有，其状若无；已之虽实，其容若虚。非惟匹庶，帝王之德，亦当如此。夫帝王内蕴神明，外须玄默，使深不可知。故《易》称‘以蒙养正’，‘以明夷莅众’。若其位居尊极，炫耀聪明，以才陵人，饰非拒谏，则上下情隔，君臣道乖。自古灭亡，莫不由此也。”

太宗曰：“《易》云：‘劳谦，君子有终，吉。’诚如卿言。”诏赐物二百段。

03

河间王孝恭，武德初封为赵郡王，累授东南道行台尚书左仆射。孝恭既讨平萧铣、辅公祏，遂领江、淮及岭南、北，皆统摄之。专制一方，威名甚著，累迁礼部尚书。孝恭性惟退让，无骄矜自伐之色。时有特进江夏王道宗[①]，尤以将略驰名，兼好学，敬慕贤士，动修礼让，太宗并加亲待。诸宗室中，惟孝恭、道宗莫与为比，一代宗英云。

① 道宗：李道宗为唐高祖李渊的堂侄，唐初名将，很受倚重。

第20章　论仁恻

01

贞观初。太宗谓侍臣曰：“妇人幽闭深宫，情实可愍。隋氏末年，求采无已，至于离宫别馆，非幸御之所，多聚宫人。此皆竭人财力，朕所不取。且洒扫之余，更何所用？今将出之，任求伉俪，非独以省费，兼以息人，亦各得遂其情。”于是后宫及掖庭，前后所出三千余人。

02

贞观二年。关中旱，大饥。太宗谓侍臣曰：“水旱不调，皆为人君失德。朕德之不修，天当责朕，百姓何罪而多遭困穷！闻有鬻男女者，朕甚愍焉。”乃遣御史大夫杜淹巡检，出御府金宝赎之，还其父母。

03

贞观七年。襄州都督张公谨卒，太宗闻而嗟悼，出次[①]发哀。有司奏言："准《阴阳书》云：'日在辰，不可哭泣。'此亦流俗所忌。"

太宗曰："君臣之义，同于父子，情发于中，安避辰日？"遂哭之。

04

贞观十九年。太宗征高丽，次定州，有兵士到者，帝御州城北门楼抚慰之。有从卒一人病，不能进，诏至床前，问其所苦，仍敕州县医疗之，是以将士莫不欣然愿从。

及大军回次柳城，诏集前后战亡人骸骨，设太牢致祭，亲临，哭之尽哀，军人无不洒泣。兵士观祭者，归家以言其父母曰："吾儿之丧，天子哭之，死无所恨。"

太宗征辽东，攻白岩城，右卫大将军李思摩[②]为流矢所中，帝亲为吮血，将士莫不感励。

---

① 出次：为悼念死者而规避正寝，至郊外暂住。

② 李思摩（？—649）：即阿史那思摩，本为突厥贵族。唐灭东突厥后，归唐，赐姓李。

第21章　慎所好

01

贞观二年。太宗谓侍臣曰："古人云'君犹器也，人犹水也，方圆在于器，不在于水。'故尧、舜率天下以仁，而人从之；桀、纣率天下以暴，而人从之。下之所行，皆从上之所好。至如梁武帝父子，志尚浮华，惟好释氏、老氏之教。武帝末年，频幸同泰寺，亲讲佛经，百寮皆大冠高履，乘车扈从，终日谈论苦空，未尝以军国典章为意。及侯景率兵向阙，尚书郎已下，多不解乘马，狼狈步走，死者相继于道路。武帝及简文卒被侯景幽逼而死。孝元帝在于江陵，为万纽于谨所围，帝犹讲《老子》不辍，百寮皆戎服以听。俄而城陷，君臣俱被囚絷。庾信亦叹其如此，及作《哀江南赋》，乃云：‘宰衡[①]以干戈为儿戏，缙绅以清谈为庙略。’此事亦足为鉴戒。朕今所好者，惟在尧、舜之道，周、孔之教，以为如鸟有翼，如鱼依水，失之必死，不可暂无耳。”

02

贞观二年。太宗谓侍臣曰：“神仙事本是虚妄，空有其名。秦始皇非分爱好，为方士所诈，乃遣童男童女数千人，随其入海求神仙。方士避秦苛虐，因留不归，始皇犹海侧踟蹰以待之，还至沙丘而死。汉武帝为求神仙，乃将女嫁道术之人，事既无验，便行诛戮。据此二事，神仙不烦妄求也。”

03

贞观四年。太宗曰：“隋炀帝性好猜防，专信邪道，大忌胡人，乃至谓胡床为交床，胡瓜为黄瓜，筑长城以避胡，终被宇文化及使令狐行达杀之。又诛戮李金才，及诸李殆尽，卒何所益？且君天下者，惟须正身修德而已，此外虚事，不足在怀。”

---

① 宰衡：原为汉平帝加于王莽的称号，后泛指宰相。

04

贞观七年。工部尚书段纶奏进巧人杨思齐至，太宗令试，纶遣造傀儡戏具。

太宗谓纶曰：“所进巧匠，将供国事，卿令先造此物，是岂百工相戒无作奇巧之意耶？”

乃诏削纶阶级，并禁断此戏。

第22章　慎言语

01

贞观二年。太宗谓侍臣曰："朕每日坐朝，欲出一言，即思此一言于百姓有利益否，所以不敢多言。"

给事中兼知起居事杜正伦进曰："君举必书，言存左史[①]。臣职当兼修起居注，不敢不尽愚直。陛下若一言乖于道理，则千载累于圣德，非止当今损于百姓，愿陛下慎之。"

太宗大悦，赐彩百段。

① 左史：周朝史官分左史和右史，左史记行，右史记言。这里泛指记录皇帝言行的史官。起居注职同左史。

02

贞观八年。太宗谓侍臣曰："言语者君子之枢机，谈何容易？凡在众庶，一言不善，则人记之，成其耻累。况是万乘之主，不可出言有所乖失。其所亏损至大，岂同匹夫？我常以此为戒。隋炀帝初幸甘泉宫，泉石称意而怪无萤火，敕云：'捉取多少，于宫中照夜。'所司遽遣数千人采拾，送五百舆于宫侧。小事尚尔，况其大乎？"

魏徵对曰："人君居四海之尊，若有亏失，古人以为如日月之蚀，人皆见之，实如陛下所戒慎。"

03

贞观十六年。太宗每与公卿言及古道，必诘难往复。散骑常侍刘洎上书谏曰：

> 帝王之与凡庶，圣哲之与庸愚，上下相悬，拟伦斯绝[①]。是知以至愚而对至圣，以极卑而对极尊，徒思自强，不可得也。陛下降恩旨，假慈颜，凝旒[②]以听其言，

① 拟伦斯绝：无法比拟。

② 凝旒：冕旒下垂相对静止不动。形容帝王态度肃穆专注。

虚襟以纳其说，犹恐群下未敢对扬，况动神机，纵天辩，饰辞以折其理，援古以排其议，欲令凡庶何阶应答？臣闻皇天以无言为贵，圣人以不言为德，老子称‘大辩若讷’，庄生称‘至道无文’，此皆不欲烦也。是以齐侯读书，轮扁窃议，汉皇慕古，长孺陈讥，此亦不欲劳也。且多记则损心，多语则损气。心气内损，形神外劳，初虽不觉，后必为累。须为社稷自爱，岂为性好自伤乎？窃以今日升平，皆陛下力行所至，欲其长久，匪由辩博；但当忘彼爱憎，慎兹取舍，每事敦朴，无非至公，若贞观之初则可矣。至如秦政强辩，失人心于自矜；魏文宏材，亏众望于虚说。此才辩之累，皎然可知。伏愿略兹雄辩，浩然养气，简彼缃图[①]，淡焉怡悦。固万寿于南岳，齐百姓于东户[②]，则天下幸甚，皇恩斯毕。

太宗手诏答曰：

非虑无以临下，非言无以述虑。比有谈论，遂至烦多。轻物骄人，恐由兹道。形神心气，非此为劳。今闻谠言，虚怀以改。

---

① 缃图：指古书卷图籍。

② 东户：即东户季子，传说中的上古君主。

第23章　杜谗邪

01

贞观初。太宗谓侍臣曰："朕观前代谗佞之徒，皆国之蟊贼也。或巧言令色，朋党比周；若暗主庸君，莫不以之迷惑，忠臣孝子所以泣血衔冤。故丛兰欲茂，秋风败之；王者欲明，谗人蔽之。此事著于史籍，不能具道。至如齐、隋间谗谮事，耳目所接者，略与公等言之。斛律明月[①]，齐朝良将，威震敌国。周家每岁斫汾河冰，虑齐兵之西渡。及明月被祖孝徵谗构伏诛，周人始有吞齐之意。高颎有经国大才，为隋文帝赞成霸业，知国政者二十余载，天下赖以安宁。文帝惟妇言是听，特令摈斥，及为炀帝所杀，刑政由是衰坏。又隋太子勇抚军监国，凡二十年间，固亦早

① 斛律明月（515—572）：即斛律光，字明月。北齐名将，官拜左丞相，在与北周的历次战争中，未尝败绩，后遭奸臣祖挺（字孝徵）构陷，被杀。

有定分。杨素欺主罔上，贼害良善，使父子之道一朝灭于天性，逆乱之源，自此开矣。隋文既混淆嫡庶，竟祸及其身，社稷寻亦覆败。古人云‘世乱则谗胜’，诚非妄言。朕每防微杜渐，用绝谗构之端，犹恐心力所不至，或不能觉悟。前史云：‘猛兽处山林，藜藿[①]为之不采；直臣立朝廷，奸邪为之寝谋。’此实朕所望于群公也。”

魏徵曰：“《礼》云：‘戒慎乎其所不睹，恐惧乎其所不闻。’《诗》云：‘恺悌君子，无信谗言。谗言罔极，交乱四国。’又孔子曰：‘恶利口之覆邦家。’盖为此也。臣尝观自古有国有家者，若曲受谗谮，妄害忠良，必宗庙丘墟，市朝霜露矣。愿陛下深慎之！”

02

贞观七年。太宗幸蒲州[②]，刺史赵元楷课父老服黄纱单衣，迎谒路左，盛饰廨宇，修营楼雉以求媚。又潜饲羊百余口、鱼数千头，将馈贵戚。太宗知，召而数之曰：“朕巡省河、洛，经历数州，凡有所须，皆资官物。卿为饲羊养鱼，雕饰院宇，此乃亡隋弊俗，今不可复行。当识朕心，改旧态也。”以元楷在隋邪佞，故太宗发此言以戒之。元楷惭惧，数日不食而卒。

---

① 藜藿：指藜和藿一类的野菜。

② 蒲州：今山西永济一带。

03

贞观十年。太宗谓侍臣曰："太子保傅，古难其选。成王幼小，以周、召为保傅，左右皆贤，足以长仁，致理太平，称为圣主。及秦之胡亥，始皇所爱，赵高作傅，教以刑法。及其篡也，诛功臣，杀亲戚，酷烈不已，旋踵亦亡。以此而言，人之善恶，诚由近习。朕弱冠交游，惟柴绍、窦诞等，为人既非三益[①]，及朕居兹宝位，经理天下，虽不及尧、舜之明，庶免乎孙皓、高纬之暴。以此而言，复不由染，何也？"

魏徵曰："中人可与为善，可与为恶，然上智之人自无所染。陛下受命自天，平定寇乱，救万民之命，理致升平，岂绍、诞之徒能累圣德？但经云：'放郑声，远佞人。'近习之间，尤宜深慎。"

太宗曰："善。"

04

尚书左仆射杜如晦奏言："监察御史陈师合上《拔士论》，兼

① 三益：指正直、诚信、多闻。代指益友。语出《论语·季氏篇》："益者三友，损者三友。友直，友谅，友多闻，益矣。友便辟，友善柔，友便佞，损矣。"

人之思虑有限，一人不可总知数职，以论臣等。”

太宗谓戴胄曰：“朕以至公理天下，今任玄龄、如晦，非为勋旧，以其有才行也。此人妄事毁谤，止欲离间我君臣。昔蜀后主昏弱，齐文宣狂悖，然国称理者，以任诸葛亮、杨遵彦不猜之敀也。朕今任如晦等，亦复如法。”于是流陈师合于岭外。

05

贞观中。太宗谓房玄龄、杜如晦曰：“朕闻自古帝王上合天心，以致太平者，皆股肱之力。朕比开直言之路者，庶知冤屈，欲闻谏诤。所有上封事人，多告讦百官，细无可采。朕历选前王，但有君疑于臣，则下不能上达，欲求尽忠极虑，何可得哉？而无识之人，务行谗毁，交乱君臣，殊非益国。自今已后，有上书讦人小恶者，当以谗人之罪罪之。”

06

魏徵为秘书监，有告徵谋反者，太宗曰：“魏徵，昔吾之雠，只以忠于所事，吾遂拔而用之，何乃妄生谗构？”竟不问徵，遽斩所告者。

07

贞观十六年。太宗谓谏议大夫褚遂良曰：“卿知起居，比来记我行事善恶？”

遂良曰：“史官之设，君举必书。善既必书，过亦无隐。”

太宗曰：“朕今勤行三事，亦望史官不书吾恶。一则鉴前代成败事，以为元龟；二则进用善人，共成政道；三则斥弃群小，不听谗言。吾能守之，终不转也。”

第24章　论悔过

01

贞观二年。太宗谓房玄龄曰："为人大须学问。朕往为群凶未定，东西征讨，躬亲戎事，不暇读书。比来四海安静，身处殿堂，不能自执书卷，使人读而听之。君臣父子，政教之道，共在书内。古人云：'不学，墙面[①]，莅事惟烦。'不徒言也。却思少小时行事，大觉非也。"

02

贞观中。太子承乾多不修法度，魏王泰尤以才能为太宗所

① 墙面：面墙而无所见。比喻不学无术，一无所知。

重，特诏泰移居武德殿。

魏徵上疏谏曰：

> 魏王既是陛下爱子，须使知定分，常保安全，每事抑其骄奢，不处嫌疑之地也。今移居此殿，使在东宫之西，海陵昔居，时人以为不可。虽时移事异，犹恐人之多言。又王之本心，亦不宁息。既能以宠为惧，伏愿成人之美。

太宗曰："我几不思量，甚大错误。"遂遣泰归于本第。

03

贞观十七年。太宗谓侍臣曰："人情之至痛者，莫过乎丧亲也。故孔子云：'三年之丧，天下之通丧，自天子达于庶人也。'又曰：'何必高宗？古之人皆然。'近代帝王，遂行不逮，汉文以日易月[①]之制，甚乖于礼典。朕昨见徐幹《中论·复三年丧》篇，义理甚深，恨不早见此书。所行大疏略，但知自咎自责，追悔何及！"因悲泣久之。

---

① 以日易月：古代帝王丧制，太子继位要服丧三年，即三十六个月，汉文帝时改三十六天。

04

贞观十八年。太宗谓侍臣曰："夫人臣之对帝王，多承意顺旨，甘言取容。朕今欲闻己过，卿等皆可直言。"

散骑常侍刘洎对曰："陛下每与公卿论事，及有上书者，以其不称旨，或面加诘难，无不惭退，恐非诱进直言之道。"

太宗曰："朕亦悔有此问难，当即改之。"

第25章　论奢纵

贞观十一年。侍御史马周上疏陈时政曰：

臣历睹前代，自夏、殷、周及汉氏之有天下，传祚相继，多者八百余年，少者犹四五百年，皆为积德累业，恩结于人心。岂无僻王[①]，赖前哲以免！尔自魏、晋已还，降及周、隋，多者不过五六十年，少者才二三十年而亡，良由创业之君不务广恩化，当时仅能自守，后无遗德可思。故传嗣之主政教少衰，一夫大呼而天下土崩矣。今陛下虽以大功定天下，而积德日浅，固当崇禹、汤、文、武之道，广施德化，使恩有余地，为子孙立万代之基。岂欲但令政教无失，以持当年而已！且自

① 僻王：指邪僻不正之国君。

古明王圣主，虽因人设教，宽猛随时，而大要以节俭于身、恩加于人二者是务。故其下爱之如父母，仰之如日月，敬之如神明，畏之如雷霆，此其所以卜祚[①]遐长而祸乱不作也。

今百姓承丧乱之后，比于隋时才十分之一，而供官徭役，道路相继，兄去弟还，首尾不绝。远者往来五六千里，春秋冬夏，略无休时。陛下虽每有恩诏，令其减省，而有司作既不废，自然须人，徒行文书，役之如故。臣每访问，四五年来，百姓颇有怨嗟之言，以陛下不存养之。昔唐尧茅茨土阶，夏禹恶衣菲食，如此之事，臣知不复可行于今。汉文帝惜百金之费，辍露台之役，集上书囊，以为殿帷，所幸夫人，衣不曳地。至景帝以锦绣纂组妨害女工，特诏除之，所以百姓安乐。至孝武帝虽穷奢极侈，而承文、景遗德，故人心不动。向使高祖之后，即有武帝，天下必不能全。此于时代差近，事迹可见。今京师及益州诸处营造从奉器物，并诸王妃主服饰，议者皆不以为俭。臣闻昧旦丕显[②]，后世犹怠；作法于理，其弊犹乱。陛下少处人间，知百姓辛

① 卜祚：指帝位。封建时代的统治者认为君权神授，而占卜可窥天意。

② 昧旦丕显：形容起早贪黑勤勉工作而获得显赫功绩。昧旦，黎明，天色未亮时。丕，大。

苦，前代成败，目所亲见，尚犹如此，而皇太子生长深宫，不更外事，即万岁之后，固圣虑所当忧也。

臣窃寻往代以来成败之事，但有黎庶怨叛，聚为盗贼，其国无不即灭。人主虽欲改悔，未有重能安全者。凡修政教，当修之于可修之时，若事变一起而后悔之，则无益也。故人主每见前代之亡，则知其政教之所由丧，而皆不知其身之有失。是以殷纣笑夏桀之亡，而幽、厉亦笑殷纣之灭。隋帝大业之初，又笑周、齐之失国。然今之视炀帝，亦犹炀帝之视周、齐也。故京房[①]谓汉元帝云："臣恐后之视今，亦犹今之视古。"此言不可不戒也。

往者贞观之初，率土荒俭，一匹绢才得粟一斗，而天下怡然。百姓知陛下甚忧怜之，故人人自安，曾无谤讟。自五六年来，频岁丰稔，一匹绢得十余石粟，而百姓皆以陛下不忧怜之，咸有怨言。以今所营为者，颇多不急之务故也。自古以来，国之兴亡不由蓄积多少，唯在百姓苦乐。且以近事验之，隋家贮洛口仓，而李密因之；东京[②]积布帛，王世充据之；西京府库亦为国家之

---

① 京房：本姓李，字君明。他为了推行自己的政治主张，开创了今文《易》学之"京氏学"，将灾异和政治联系起来，受到汉元帝信任。

② 东京：隋朝以洛阳为东都，称东京。

用，至今未尽。向使洛口、东都无粟帛，即世充、李密未必能聚大众。但贮积者固是国之常事，要当人有余力而后收之。若人劳而强敛之，竟以资寇，积之无益也。然俭以息人，贞观之初，陛下已躬为之，故今行之不难也。为之一日，则天下知之，式歌且舞矣。若人既劳矣而用之不息，傥中国被水旱之灾，边方有风尘之警，狂狡因之窃发，则有不可测之事，非徒圣躬旰食晏寝而已。若以陛下之圣明，诚欲励精为政，不烦远求上古之术，但及贞观之初，则天下幸甚。

太宗曰："近令造小随身器物，不意百姓遂有嗟怨，此则朕之过误。"乃命停之。

第26章　论贪鄙

01

贞观初。太宗谓侍臣曰："人有明珠，莫不贵重，若以弹雀，岂非可惜？况人之性命甚于明珠，见金钱财帛不惧刑网，径即受纳，乃是不惜性命。明珠是身外之物，尚不可弹雀，何况性命之重，乃以博财物耶？群臣若能备尽忠直，益国利人，则官爵立至。皆不能以此道求荣，遂妄受财物，赃贿既露，其身亦殒，实可为笑。帝王亦然，恣情放逸，劳役无度，信任群小，疏远忠正，有一于此，岂不灭亡？隋炀帝奢侈自贤，身死匹夫之手，亦为可笑。"

02

贞观二年。太宗谓侍臣曰："朕尝谓贪人不解爱财也，至如内外官五品以上，禄秩优厚，一年所得，其数自多。若受人财贿，不过数万，一朝彰露，禄秩削夺，此岂是解爱财物？规小得而大失者也。昔公仪休[①]性嗜鱼，而不受人鱼，其鱼长存。且为主贪，必丧其国；为臣贪，必亡其身。《诗》云：'大风有隧，贪人败类。'固非谬言也。昔秦惠王欲伐蜀，不知其径，乃刻五石牛，置金其后。蜀人见之，以为牛能便金，蜀王使五丁力士拖牛入蜀，道成，秦师随而伐之，蜀国遂亡。汉大司农田延年赃贿三千万，事觉自死。如此之流，何可胜记！朕今以蜀王为元龟，卿等亦须以延年为覆辙也。"

03

贞观四年。太宗谓公卿曰："朕终日孜孜，非但忧怜百姓，亦欲使卿等长守富贵。天非不高，地非不厚，朕常兢兢业业，以畏天地。卿等若能小心奉法，常如朕畏天地，非但百姓安宁，自身

① 公仪休：春秋时鲁国贤相。

常得欢乐。古人云：‘贤者多财损其志，愚者多财生其过。’此言可为深诫。若徇私贪浊，非止坏公法，损百姓，纵事未发闻，中心岂不常惧？恐惧既多，亦有因而致死。大丈夫岂得苟贪财物，以害及身命，使子孙每怀愧耻耶？卿等宜深思此言。”

04

贞观六年。右卫将军陈万福自九成宫赴京，违法取驿家麸数石。太宗赐其麸，令自负出以耻之。

05

贞观十年。治书侍御史权万纪上言：“宣、饶二州诸山大有银坑，采之极是利益，每岁可得钱数百万贯。”

太宗曰：“朕贵为天子，是事无所少乏。惟须纳嘉言，进善事，有益于百姓者。且国家剩得数百万贯钱，何如得一有才行人？不见卿推贤进善之事，又不能按举不法，震肃权豪，惟道税鬻银坑以为利益！昔尧、舜抵璧于山林，投珠于渊谷，由是崇名美号，见称千载。后汉桓、灵二帝好利贱义，为近代庸暗之主，卿遂欲将我比桓、灵耶？”

是日敕放令万纪还第。

06

贞观十六年。太宗谓侍臣曰：“古人云‘鸟栖于林，犹恐其不高，复巢于木末；鱼藏于水，犹恐其不深，复穴于窟下。然而为人所获者，皆由贪饵故也。’今人臣受任，居高位，食厚禄，当须履忠正，蹈公清，则无灾害，长守富贵矣。古人云：‘祸福无门，惟人所召。’然陷其身者，皆为贪冒财利，与夫鱼鸟何以异哉？卿等宜思此语为，鉴诫。”

第七卷

第27章　论崇儒学

01

太宗初践阼，即于正殿之左置弘文馆，精选天下文儒，令以本官兼署学士，给以五品珍膳，更日宿直，以听朝之隙，引入内殿，讨论坟典，商略政事，或至夜分乃罢。又诏勋贤三品以上子孙，为弘文学生。

02

贞观二年。诏停周公为先圣，始立孔子庙堂于国学，稽式旧典，以仲尼为先圣，颜子为先师，而笾豆干戚[①]之容，始备于兹

① 笾（biān）豆干戚：古代祭祀时用的祭器。笾豆，盛祭品的礼器。干戚，跳祭祀舞的道具。

矣。是岁大收天下儒士，赐帛给传，令诣京师，擢以不次，布在廊庙者甚众。学生通一大经已上，咸得署吏。国学增筑学舍四百余间，国子、太学、四门、广文亦增置生员，其书、算各置博士、学生，以备众艺。太宗又数幸国学，令祭酒、司业、博士讲论，毕，各赐以束帛。四方儒生负书而至者，盖以千数。俄而吐蕃及高昌、高丽、新罗等诸夷酋长亦遣子弟请入于学。于是国学之内，鼓箧升讲筵者几至万人，儒学之兴，古昔未有也。

03

贞观十四年。诏曰：

梁皇侃、褚仲都，周熊安生、沈重，陈沈文阿、周弘正、张讥，隋何妥、刘炫，并前代名儒，经术可纪，加以所在学徒，多行其讲疏，宜加优异，以劝后生，可访其子孙见在者，录姓名奏闻。

二十一年。诏曰：

左丘明、卜子夏、公羊高、穀梁赤、伏胜、高堂生、戴圣、毛苌、孔安国、刘向、郑众、杜子春、马融、卢植、郑玄、服虔、何休、王肃、王弼、杜预、范宁等二十有一人，并用其书，垂于国胄，既行其道，理合褒崇，自今有事于太学，可并配享尼父庙堂。

其尊儒重道如此。

04

贞观二年。太宗谓侍臣曰："为政之要，惟在得人，用非其才，必难致治。今所任用，必须以德行、学识为本。"

谏议大夫王珪曰："人臣若无学业，不能识前言往行，岂堪大任。汉昭帝时，有人诈称卫太子，聚观者数万人，众皆致惑。隽不疑断以蒯聩之事。昭帝曰：'公卿大臣，当用经术明于古义者，此则固非刀笔俗吏所可比拟。'"

上曰："信如卿言。"

05

贞观四年。太宗以经籍去圣久远，文字讹谬，诏前中书侍郎颜师古于秘书省考定"五经"。及功毕，复诏尚书左仆射房玄龄集诸儒重加详议。时诸儒传习师说，舛谬已久，皆共非之，异端蜂起。而师古辄引晋、宋已来古本，随方晓答，援据详明，皆出其意表，诸儒莫不叹服。太宗称善者久之，赐帛五百匹，加授通直散骑常侍，颁其所定书于天下，令学者习焉。太宗又以文学多门，章句繁杂，诏师古与国子祭酒孔颖达等诸儒，撰定“五经”疏义，凡一百八十卷，名曰《五经正义》，付国学施行。

06

太宗尝谓中书令岑文本曰：“夫人虽禀定性，必须博学以成其道，亦犹蜃性含水，待月光而水垂；木性怀火，待燧动而焰发；人性含灵，待学成而为美。是以苏秦刺股，董生[①]垂帷。不勤道艺，则其名不立。”

文本对曰：“夫人性相近，情则迁移，必须以学饬情，以成其性。《礼》云：‘玉不琢不成器，人不学不知道。’所以古人勤于学问，谓之懿德。”

---

① 董生：即董仲舒。

第28章　论文史

01

贞观初。太宗谓监修国史房玄龄曰："比见前、后《汉史》载录扬雄《甘泉》《羽猎》，司马相如《子虚》《上林》，班固《两都》等赋，此既文体浮华，无益劝诫，何假书之史策？其有上书论事，词理切直，可裨于政理者，朕从与不从皆须备载。"

02

贞观十一年。著作佐郎邓隆表请编次太宗文章为集。太宗谓曰："朕若制事出令，有益于人者，史则书之，足为不朽。若事不师古，乱政害物，虽有词藻，终贻后代笑，非所须也。只如梁武帝父子及陈后主[①]、隋炀帝，亦大有文集，而所为多不法，宗社皆须臾倾覆。凡人主惟在德行，何必要事文章耶？”竟不许。

03

贞观十三年。褚遂良为谏议大夫，兼知起居注。太宗问曰：“卿比知起居，书何等事？大抵于人君得观见否？朕欲见此注记者，将却观所为得失以自警戒耳。”

遂良曰：“今之起居，古之左、右史，以记人君言行，善恶毕书，庶几人主不为非法，不闻帝王躬自观史。”

太宗曰：“朕有不善，卿必记耶？”

遂良曰：“臣闻守道不如守官，臣职当载笔，何不书之？”

黄门侍郎刘洎进曰：“人君有过失，如日月之蚀，人皆见之。设令遂良不记，天下之人皆记之矣。”

04

贞观十四年。太宗谓房玄龄曰：“朕每观前代史书，彰善瘅恶，足为将来规诫。不知自古当代国史，何因不令帝王亲见之？”

---

① 陈后主（553—604）：即陈叔宝，字元秀。南朝陈最后一任皇帝。在位期间生活腐化，大兴宫殿，隋灭陈时被俘。

对曰："国史既善恶必书，庶几人主不为非法。止应畏有忤旨，故不得见也。"

太宗曰："朕意殊不同古人。今欲自看国史者，盖有善事，固不须论；若有不善，亦欲以为鉴诫，使得自修改耳。卿可撰录进来。"

玄龄等遂删略国史为编年体，撰高祖、太宗《实录》各二十卷，表上之。

太宗见六月四日事[①]，语多微文，乃谓玄龄曰："昔周公诛管、蔡而周室安，季友鸩叔牙而鲁国宁，朕之所为，义同此类，盖所以安社稷，利万人耳。史官执笔，何烦有隐？宜即改削浮词，直书其事。"

侍中魏徵奏曰："臣闻人主位居尊极，无所忌惮，惟有国史，用为惩恶劝善，书不以实，后嗣何观？陛下今遣史官正其辞，雅合至公之道。"

---

① 六月四日事：指玄武门政变一事。

第29章　论礼乐

01

太宗初即位，谓侍臣曰："准《礼》，名，终将讳之，前古帝王，亦不生讳其名，故周文王名'昌'，《周诗》云：'克昌厥后。'春秋时鲁庄公名'同'，十六年《经》书：'齐侯、宋公同盟于幽。'唯近代诸帝，妄为节制，特令生避其讳，理非通允，宜有改张。"因诏曰："依《礼》，二名义不偏讳，尼父达圣，非无前指。近世以来，曲为节制，两字兼避，废阙已多，率意而行，有违经语。今宜依据礼典，务从简约，仰效先哲，垂法将来。其官号人名及公私文籍，有'世'及'民'两字不连读，并不须避。"

02

贞观二年。中书舍人高季辅上疏曰：

窃见密王元晓[①]等俱是懿亲，陛下友爱之怀，义高古昔，分以车服，委以藩维，须依礼仪，以副瞻望。比见帝子拜诸叔，诸叔亦即答拜，王爵既同，家人有礼，岂合如此颠倒昭穆[②]？伏愿一垂训诫，永循彝则[③]。

太宗乃诏元晓等，不得答吴王恪、魏王泰兄弟拜。

03

贞观四年。太宗谓侍臣曰："比闻京城士庶居父母丧者，乃有信巫书之言，辰日不哭，以此辞于吊问，拘忌辍哀，败俗伤风，极乖人理。宜令州县教导，齐之以礼典。"

---

① 元晓：唐高祖李渊第二十一子。

② 昭穆：指辈分大小。古代宗庙制度，牌位按辈次排列，始祖居中，以下父子递为昭穆，左为昭，右为穆。

③ 彝则：日常准则或制度。

04

贞观五年。太宗谓侍臣曰："佛道设教，本行善事，岂遣僧尼道士等妄自尊崇，坐受父母之拜？损害风俗，悖乱礼经，宜即禁断，仍令致拜于父母。"

05

贞观六年。太宗谓尚书左仆射房玄龄曰："比有山东崔、卢、李、郑四姓，虽累叶陵迟①，犹恃其旧地，好自矜大，称为士大夫。每嫁女他族，必广索聘财，以多为贵，论数定约，同于市贾，甚损风俗，有紊礼经，既轻重失宜，理须改革。"

乃诏吏部尚书高士廉、御史大夫韦挺、中书侍郎岑文本、礼部侍郎令狐德棻等，刊正姓氏，普责天下谱牒，兼据凭史、传，剪其浮华，定其真伪，忠贤者褒进，悖逆者贬黜，撰为《氏族志》。士廉等及进定氏族等第，遂以崔幹为第一等。

太宗谓曰："我与山东崔、卢、李、郑，旧既无嫌，为其世代衰微，全无官宦，犹自云士大夫，婚姻之际，则多索财物。或

① 累叶陵迟：指家世衰落。

才识庸下，而偃仰自高，贩鬻松槚，依托富贵。我不解人间何为重之？且士大夫有能立功，爵位崇重，善事君父，忠孝可称；或道义清素，学艺通博，此亦足为门户，可谓天下士大夫。今崔、卢之属，惟矜远叶衣冠，宁比当朝之贵？公卿已下，何暇多输钱物，兼与他气势，向声背实，以得为荣。我今定氏族者，诚欲崇树今朝冠冕，何因崔幹犹为第一等，只看卿等不贵我官爵耶？不论数代已前，只取今日官品、人才作等级，宜一量定，用为永则。”遂以崔幹为第三等。至十二年书成，凡百卷，颁天下。

又诏曰：

氏族之美，实系于冠冕。婚姻之道，莫先于仁义。自有魏失御，齐氏云亡，市朝既迁，风俗陵替，燕、赵古姓，多失衣冠之绪，齐、韩旧族，或乖德义之风。名不著于州闾，身未免于贫贱，自号高门之胄，不敦匹嫡之仪，问名[①]唯在于窃赀，结褵[②]必归于富室。乃有新官之辈，丰财之家，慕其祖宗，竞结婚姻，多纳货贿，有如贩鬻。或自贬家门，受辱于姻娅；或矜其旧望，行无礼于舅姑。积习成俗，迄今未已，既紊人伦，实亏名教。朕夙夜兢惕，忧勤政道，往代蠹害，咸已惩革，唯

---

① 问名：古代婚姻“六礼”之一。男家请媒人问女子芳名及生辰八字。代指求亲。

② 结褵（lí）：古代嫁女的一种仪式。代指成婚。

此弊风，未能尽变。自今已后，明加告示，使识嫁娶之序，务合典礼，称朕意焉。

06

礼部尚书王珪子敬直，尚太宗女南平公主。珪曰：“《礼》有妇见舅姑之仪，自近代风俗弊薄，公主出降，此礼皆废。主上钦明，动循法制，吾受公主谒见，岂为身荣，所以成国家之美耳。”遂与其妻就位而坐，令公主亲执巾，行盥馈之道①，礼成而退。太宗闻而称善。是后公主下降有舅姑者，皆遣备行此礼。

07

贞观十二年。太宗谓侍臣曰：“古者诸侯入朝，有汤沐之邑，刍禾百车，待以客礼。昼坐正殿，夜设庭燎，思与相见，问其劳苦。又汉家京城，亦为诸郡立邸舍。顷闻考使②至京者，皆赁房以坐，与商人杂居，才得容身而已。既待礼之不足，必是人多怨叹，岂肯竭情于共理哉。”乃令就京城闲坊，为诸州考使各造邸第。及成，太宗亲幸观焉。

---

① 盥馈之道：古代婚俗之一。新婚夫妇进门拜见公婆时，要施以洗手进食之礼。

② 考使：即朝集使，始置于汉，各郡每年遣使进京报告政务和财政情况的官吏。

08

贞观十三年。礼部尚书王珪奏言："准令，三品已上遇亲王于路，不合下马。今皆违法申敬，有乖朝典。"

太宗曰："卿辈欲自崇贵，卑我儿子耶？"

魏徵对曰："汉、魏已来，亲王班皆次三公下。今三品并天子六尚书九卿为王下马，王所不宜当也。求诸故事，则无可凭，行之于今，又乖国宪，理诚不可。"

帝曰："国家立太子者，拟以为君。人之修短，不在老幼。设无太子，则母弟次立。以此而言，安得轻我子耶？"

徵又曰："殷人尚质，有兄终弟及之义。自周已降，立嫡必长，所以绝庶孽之窥窬，塞祸乱之源本。为国家者，所宜深慎。"

太宗遂可王珪之奏。

09

贞观十四年。太宗谓礼官曰："同爨尚有缌麻[①]之恩，而嫂叔

① 缌（sī）麻：古丧服名，用细麻布制成，五种服丧中最轻者，服期三个月。另四服按轻重依次为：小功（五个月）、大功（九个月）、齐衰（又分四等，丧期各不同）和斩衰（三年）。

无服；又舅之与姨，亲疏相似，而服之有殊，未为得礼，宜集学者详议。余有亲重而服轻者，亦附奏闻。”

是月，尚书八座[①]与礼官定议曰：

臣窃闻之，礼所以决嫌疑、定犹豫、别同异，明是非者也。非从天下，非从地出，人情而已矣。人道所先，在乎敦睦九族，九族敦睦，由乎亲亲，以近及远。亲属有等差，故丧纪有隆杀[②]，随恩之薄厚，皆称情以立文。原夫舅之与姨，虽为同气，推之于母，轻重相悬。何则？舅为母之本宗，姨乃外戚他姓，求之母族，姨不与焉。考之经史，舅诚为重。故周王念齐，是称舅甥之国；秦伯怀晋，实切《渭阳》[③]之诗。今在舅服止一时之情，为姨居丧五月，徇名丧实，逐末弃本，此古人之情，或有未达，所宜损益，实在兹乎。

《礼记》曰：“兄弟之子犹子也，盖引而进之也。嫂叔之无服，盖推而远之也。”礼，继父同居则为之期，未尝同居则不为服。从母之夫，舅之妻，二人相为服。或曰“同爨缌麻”，然则继父且非骨肉，服重由乎同爨，恩轻

---

① 尚书八座：指尚书令、仆射和六部（吏、户、礼、兵、刑、工）。

② 隆杀：指尊卑厚薄。

③ 《渭阳》：《诗经·秦风·渭阳》主要讲述了外甥与舅父之间的惜别之情。

在乎异居。固知制服虽系于名文，盖亦缘恩之厚薄者也。或有长年之嫂，遇孩童之叔，劬劳鞠养，情若所生，分饥共寒，契阔[①]偕老，譬同居之继父，方他人之同爨，情义之深浅，宁可同日而言哉？在其生也，乃爱同骨肉，于其死也，则推而远之，求之本源，深所未喻。若推而远之为是，则不可生而共居；生而共居为是，则不可死同行路。重其生而轻其死，厚其始而薄其终，称情立文，其义安在？且事嫂见称，载籍非一。郑仲虞则恩礼甚笃，颜弘都则竭诚致感，马援则见之必冠，孔伋则哭之为位，此盖并躬践教义，仁深孝友，察其所行之旨，岂非先觉者欤？但于时上无哲王，礼非下之所议，遂使深情郁于千载，至理藏于万古，其来久矣，岂不惜哉！

今陛下以为尊卑之叙，虽焕乎已备，丧纪之制，或情理未安，爰命秩宗[②]，详议损益。臣等奉遵明旨，触类傍求，采摭群经，讨论传记，或抑或引，兼名兼实，损其有余，益其不足，使无文之礼咸秩，敦睦之情毕举，变薄俗于既往，垂笃义于将来，信[③]六籍所不能谈，超百王而独得者也。

---

① 契阔：勤苦，劳苦。

② 秩宗：掌宗庙祭祀的官吏。

③ 信：通“申”，陈述，申明。

谨按：曾祖父母，旧服齐衰三月，请加为齐衰五月；嫡子妇，旧服大功，请加为期；众子妇，旧服小功，今请与兄弟同为大功九月；嫂叔，旧无服，今请服小功五月。其弟妻及夫兄，亦小功五月。舅，旧服缌麻，请加与从母同服小功五月。

诏从其议。此并魏徵之词也。

10

贞观十七年十二月癸丑。太宗谓侍臣曰："今日是朕生日。俗间以生日可为喜乐，在朕情翻成感思。君临天下，富有四海，而追求侍养，永不可得。仲由怀负米之恨①，良有以也。况《诗》云：'哀哀父母，生我劬劳。'奈何以劬劳之辰，遂为宴乐之事！甚是乖于礼度。"因而泣下久之。

11

太常少卿祖孝孙奏所定新乐。太宗曰："礼乐之作，是圣人缘

---

① 仲由怀负米之恨：子路家贫，为尽孝道，常去百里之外背米赡养父母。及子路始富，父母已死，常悲叹不能为父母背米尽孝矣。

物设教，以为撙节，治政善恶，岂此之由？”

御史大夫杜淹对曰：“前代兴亡，实由于乐。陈将亡也，为《玉树后庭花》[①]，齐将亡也，而为《伴侣曲》[②]，行路闻之，莫不悲泣，所谓亡国之音。以是观之，实由于乐。”

太宗曰：“不然，夫音声岂能感人？欢者闻之则悦，哀者听之则悲。悲悦在于人心，非由乐也。将亡之政，其人心苦，然苦心相感，故闻之则悲耳。何乐声哀怨，能使悦者悲乎？今《玉树》《伴侣》之曲，其声具存，朕能为公奏之，知公必不悲耳。”

尚书右丞魏徵进曰：“古人称：礼云，礼云，玉帛云乎哉！[③]乐云，乐云，钟鼓云乎哉！乐在人和，不由音调。”太宗然之。

12

贞观七年。太常卿萧瑀奏言：“今《破陈乐舞》，天下之所共传，然美盛德之形容，尚有所未尽。前后之所破刘武周、薛举、窦建德、王世充等，臣愿图其形状，以写战胜攻取之容。”

太宗曰：“朕当四方未定，因为天下救焚拯溺，故不获已，乃行战伐之事，所以人间遂有此舞，国家因兹亦制其曲。然雅乐之

---

① 《玉树后庭花》：陈后主陈叔宝作。因他贪恋曲词，不理朝政，致陈国灭亡。

② 《伴侣曲》：南齐东昏侯萧宝卷作。因他荒淫无道，不理朝政，致国灭身亡。

③ “礼云”二句：语出《论语·阳货》。

容，止得陈其梗概，若委曲写之，则其状易识。朕以见在将相，多有曾经受彼驱使者，既经为一日君臣，今若重见其被擒获之势，必当有所不忍，我为此等，所以不为也。”

萧瑀谢曰：“此事非臣思虑所及。”

第八卷

第30章　论务农

01

贞观二年。太宗谓侍臣曰：“凡事皆须务本，国以人为本，人以衣食为本，凡营衣食，以不失时为本。夫不失时者，在人君简静乃可致耳。若兵戈屡动，土木不息，而欲不夺农时，其可得乎？”

王珪曰：“昔秦皇、汉武，外则穷极兵戈，内则崇侈宫室，人力既竭，祸难遂兴。彼岂不欲安人乎？失所以安人之道也。亡隋之辙，殷鉴不远，陛下亲承其弊，知所以易之。然在初则易，终之实难。伏愿慎终如始，方尽其美。”

太宗曰：“公言是也。夫安人宁国，惟在于君。君无为则人乐，君多欲则人苦。朕所以抑情损欲，克己自励耳。”

02

贞观二年。京师旱，蝗虫大起。太宗入苑视禾，见蝗虫，掇数枚而咒曰：“人以谷为命，而汝食之，是害于百姓。百姓有过，在予一人，尔其有灵，但当蚀我心，无害百姓。”

将吞之，左右遽谏曰：“恐成疾，不可。”

太宗曰：“所冀移灾朕躬，何疾之避！”遂吞之。自是蝗不复为灾。

03

贞观五年。有司上书言：“皇太子将行冠礼，宜用二月为吉，请追兵以备仪注。”

太宗曰：“今东作[①]方兴，恐妨农事。”令改用十月。

太子少保萧瑀奏言：“准阴阳家，用二月为胜。”

太宗曰：“阴阳拘忌，朕所不行，若动静必依阴阳，不顾理义，欲求福佑，其可得乎？若所行皆遵正道，自然常与吉会。且吉凶在人，岂假阴阳拘忌？农时甚要，不可暂失。”

---

① 东作：指春耕，泛指农事。

04

贞观十六年。太宗以天下粟价率计斗值五钱，其尤贱处，计斗值三钱，因谓侍臣曰：“国以民为本，人以食为命，若禾黍不登，则兆庶非国家所有。既属丰稔若斯，朕为亿兆人父母，唯欲躬务俭约，必不辄为奢侈。朕常欲赐天下之人，皆使富贵。今省徭赋，不夺其时，使比屋之人，恣其耕稼，此则富矣。敦行礼让，使乡闾之间，少敬长，妻敬夫，此则贵矣。但令天下皆然，朕不听管弦，不从畋猎，乐在其中矣！”

第31章　论刑法

01

贞观元年。太宗谓侍臣曰：“死者不可再生，用法须务在宽简。古人云，鬻棺者欲岁之疫，非疾于人，利于棺售故耳。今法司核理一狱，必求深刻，欲成其考课。今作何法，得使平允？”

谏议大夫王珪进曰：“但选公直良善人，断狱允当者，增秩赐金，即奸伪自息。”诏从之。

太宗又曰：“古者断狱，必讯于三槐、九棘之官，今三公、九卿即其职也。自今以后，大辟罪皆令中书、门下四品已上及尚书九卿议之，如此，庶免冤滥。”

由是至四年，断死刑，天下二十九人，几致刑措。

02

贞观二年。太宗谓侍臣曰："比有奴告主谋逆，此极弊法，特须禁断。假令有谋反者，必不独成，终将与人计之；众计之事，必有他人论之，岂藉奴告也。自今奴告主者，不须受，尽令斩决。"

03

贞观五年。张蕴古为大理丞。相州人李好德素有风疾，言涉妖妄，诏令鞫其狱。蕴古言："好德癫病有征，法不当坐。"太宗许将宽宥，蕴古密报其旨，仍引与博戏。持书侍御史[①]权万纪劾奏之，太宗大怒，令斩于东市。既而悔之，谓房玄龄曰："公等食人之禄，须忧人之忧，事无巨细，咸当留意。今不问则不言，见事都不谏诤，何所辅弼？如蕴古身为法官，与囚博戏，漏泄朕言，此亦罪状甚重。若据常律，未至极刑。朕当时盛怒，即令处置。公等竟无一言，所司又不覆奏，遂即决之，岂是道理。"

因诏曰：

① 持书侍御史：负责弹劾官员的官职。

凡有死刑，虽令即决，皆须五覆奏[1]。

五覆奏，自蕴古始也。又曰：

守文定罪，或恐有冤。自今以后，门下省覆，有据法令合死而情可矜者，宜录奏闻。

04

蕴古，初以贞观二年自幽州总管府记室兼直中书省，表上《大宝箴》，文义甚美，可以规诫。其词曰：

今来古往，俯察仰观；惟辟[2]作福，为君实难。宅普天之下，处王公之上；任土贡其所有，具僚和其所唱。是故恐惧之心日弛，邪僻之情转放。岂知事起乎所忽，祸生乎无妄。故以圣人受命，拯溺亨屯；归罪于己，推恩于民。大明无偏照，至公无私亲；故以一人治天下，不以天下奉一人。礼以禁其奢，乐以防其佚。左言而右

① 五覆奏：唐时对罪犯执行死刑前需向皇帝奏报五次的制度。

② 辟：指皇帝。

事，出警而入跸。四时调其惨舒[①]，三光同其得失。故身为之度，而声为之律。勿谓无知，居高听卑；勿谓何害，积小成大。乐不可极，极乐成哀；欲不可纵，纵欲成灾。壮九重于内，所居不过容膝；彼昏不知，瑶其台而琼其室。罗八珍于前，所食不过适口；惟狂罔念，丘其糟而池其酒。勿内荒于色，勿外荒于禽；勿贵难得之货，勿听亡国之音。内荒伐人性，外荒荡人心；难得之物侈，亡国之声淫。勿谓我尊而傲贤侮士，勿谓我智而拒谏矜己。闻之夏后，据馈频起；亦有魏帝，牵裾不止。安彼反侧，如春阳秋露；巍巍荡荡，推汉高大度。抚兹庶事，如履薄临深；战战栗栗，用周文小心。

《诗》云："不识不知。"《书》曰："无偏无党。"一彼此于胸臆，捐好恶于心想。众弃而后加刑，众悦而后命赏。弱其强而治其乱，伸其屈而直其枉。故曰：如衡如石，不定物以数，物之悬者，轻重自见；如水如镜，不示物以形，物之鉴者，妍蚩自生。勿浑浑而浊，勿皎皎而清；勿汶汶而暗，勿察察而明。虽冕旒蔽目而视于未形，虽黈纩[②]塞耳而听于无声。纵心乎湛然之域，

---

① 惨舒：指心情抑郁或舒畅。

② 黈纩（tǒu kuàng）：黄棉所制小球。古代帝王戴冕，垂于两耳旁，以示不听妄言。

游神于至道之精。扣之者，应洪纤而效响；酌之者，随浅深而皆盈。故曰：天之清，地之宁，王之贞。四时不言而代序，万物无为而受成；岂知帝有其力，而天下和平。吾王拨乱，戡以智力；人惧其威，未怀其德。

我皇抚运，扇以淳风；民怀其始，未保其终。爰述金镜[①]，穷神尽性。使人以心，应言以行。包括理体，抑扬辞令。天下为公，一人有庆。开罗起祝，援琴命诗；一日二日，念兹在兹。惟人所召，自天祐之。争臣司直，敢告前疑。

太宗嘉之，赐帛三百段，仍授以大理寺丞。

05

贞观五年。诏曰：

在京诸司，比来奏决死囚，虽云三覆，一日即了，都未暇审思，五奏何益？纵有追悔，又无所及。自今后，在京诸司，奏决死囚，宜三日中五覆奏，天下诸州三覆奏。

① 金镜：指显明大道。

又手诏敕曰：

比来有司断狱，多据律文，虽情在可矜而不敢违法，守文定罪，或恐有冤。自今门下省復，有据法合死而情在可矜者，宜录状奏闻。

06

贞观九年。盐泽道行军总管、岷州都督高甑生坐违李靖节度，又诬告靖谋逆，减死徙边。

时有上言者曰："甑生旧秦府功臣，请宽其过。"

太宗曰："虽是藩邸旧劳，诚不可忘，然理国守法，事须画一，今若赦之，使开侥幸之路。且国家建义太原，元[1]从及征战有功者甚众，若甑生获免，谁不觊觎？有功之人，皆须犯法。我所以必不赦者，正为此也。"

07

贞观十一年。特进魏徵上疏曰：

---

① 元：同"原"，原来。

臣闻《书》曰："明德慎罚"，"惟刑恤哉"！《礼》云："为上易事，为下易知，则刑不烦矣。上人疑则百姓惑，下难知则君长劳矣。"夫上易事，则下易知，君长不劳，百姓不惑。故君有一德，臣无二心，上播忠厚之诚，下竭股肱之力，然后太平之基不坠，"康哉"之咏斯起。当今道被华戎[①]，功高宇宙，无思不服，无远不臻。然言尚于简文[②]，志在于明察，刑赏之用，有所未尽。夫刑赏之本，在乎劝善而惩恶，帝王之所以与天下为画一，不以贵贱亲疏而轻重者也。今之刑赏，未必尽然。或伸屈在乎好恶，或轻重由乎喜怒。遇喜则矜其情于法中，逢怒则求其罪于事外。所好则钻皮出其毛羽，所恶则洗垢求其瘢痕。瘢痕可求则刑斯滥矣，毛羽可出则赏因谬矣。刑滥则小人道长，赏谬则君子道消。小人之恶不惩，君子之善不劝，而望治安刑措，非所闻也。

且夫暇豫清谈，皆敦尚于孔、老；威怒所至，则取法于申、韩。直道而行，非无三黜，危人自安，盖亦多矣。故道德之旨未弘，刻薄之风已扇。夫刻薄既扇，则下生百端，人竞趋时，则宪章不一。稽之王度，实亏君道。

---

① 华戎：华夏民族与西北少数民族的合称，指天下百姓。

② 简文：选择优美的言辞。

昔州犁上下其手，楚国之法遂差；张汤轻重其心，汉朝之刑以弊。以人臣之颇僻，犹莫能申其欺罔，况人君之高下，将何以措其手足乎？以睿圣之聪明，无幽微而不烛，岂神有所不达，智有所不通哉？安其所安，不以恤刑为念；乐其所乐，遂忘先笑之变。祸福相倚，吉凶同域，惟人所召，安可不思？顷者责罚稍多，威怒微厉，或以供帐不赡[①]，或以营作差违，或以物不称心，或以人不从命，皆非致治之所急，实恐骄奢之攸渐。是知"贵不与骄期而骄自至，富不与侈期而侈自来"，非徒语也。

且我之所代，实在有隋，隋氏乱亡之源，圣明之所临照。以隋氏之府藏譬今日之资储，以隋氏之甲兵况当今之士马，以隋氏之户口校今时之百姓，度长比大，曾何等级？然隋氏以富强而丧败，动之也；我以贫寡而安宁，静之也。静之则安，动之则乱，人皆知之，非隐而难见也，非微而难察也。然鲜蹈平易之涂，多遵覆车之辙，何哉？在于安不思危，治不念乱，存不虑亡之所致也。昔隋氏之未乱，自谓必无乱；隋氏之未亡，自谓必不亡。所以甲兵屡动，徭役不息，至于将受戮辱，竟未悟其灭亡之所由也，可不哀哉！

---

① 供帐不赡：供给宴会的东西不足。

夫鉴形之美恶，必就于止水；鉴国之安危，必取于亡国。故《诗》曰：“殷鉴不远，在夏后之世。”又曰：“伐柯伐柯，其则不远。”臣愿当今之动静，必思隋氏以为殷鉴，则存亡之治乱，可得而知。若能思其所以危，则安矣；思其所以乱，则治矣；思其所以亡，则存矣。知存亡之所在，节嗜欲以从人，省游畋之娱，息靡丽之作，罢不急之务，慎偏听之怒。近忠厚，远便佞，杜悦耳之邪说，甘苦口之忠言。去易进之人，贱难得之货，采尧、舜之诽谤，追禹、汤之罪己，惜十家之产，顺百姓之心。近取诸身，恕以待物，思劳谦以受益，不自满以招损。有动则庶类以和，出言而千里斯应，超上德于前载，树风声于后昆。此圣哲之宏观，而帝王之大业，能事斯毕，在乎慎守而已。

夫守之则易，取之实难。既能得其所以难，岂不能保其所以易？其或保之不固，则骄奢淫泆动之也。慎终如始，可不勉欤？《易》曰：“君子安不忘危，存不忘亡，治不忘乱，是以身安而国家可保也。”诚哉斯言，不可以不深察也。伏惟陛下欲善之志，不减于昔时，闻过必改，少亏于曩日。若以当今之无事，行畴昔之恭俭，则尽善尽美矣，固无得而称焉。

太宗深嘉而纳用。

08

贞观十四年。戴州刺史贾崇以所部有犯十恶[①]者，被御史劾奏。

太宗谓侍臣曰："昔陶唐大圣，柳下惠大贤，其子丹朱甚不肖，其弟盗跖为臣恶。夫以圣贤之训，父子兄弟之亲，尚不能使陶染变革，去恶从善。今遣刺史，化被下人，咸归善道，岂可得也？若令缘此皆被贬降，或恐递相掩蔽，罪人斯失。诸州有犯十恶者，刺史不须从坐，但令明加纠访科罪，庶可肃清奸恶。"

09

贞观十六年。太宗谓大理卿孙伏伽曰："夫作甲者欲其坚，恐人之伤；作箭者欲其锐，恐人不伤。何则？各有司存，利在称职故也。朕常问法官刑罚轻重，每称法网宽于往代，仍恐主狱之司利在杀人，危人自达，以钓声价。今之所忧，正在此耳！深宜禁止，务在宽平。"

---

① 十恶：指谋反、谋大逆、谋叛、恶逆、不道、大不敬、不孝、不敬、不义、内乱。

第32章　论赦令

01

贞观七年。太宗谓侍臣曰："天下愚人者多，智人者少，智者不肯为恶，愚人好犯宪章。凡赦宥之恩，惟及不轨之辈。古语云：'小人之幸，君子之不幸。''一岁再赦，善人喑哑。'凡'养稂莠者伤禾稼，惠奸宄者贼良人'，昔'文王作罚，刑兹无赦'。又蜀先主尝谓诸葛亮曰：'吾周旋陈元方、郑康成之间，每见启告理乱之道备矣，曾不语赦。'故诸葛亮理蜀十年不赦，而蜀大化。梁武帝每年数赦，卒至倾败。夫谋小仁者，大仁之贼，故我有天下已来，绝不放赦。今四海安宁，礼义兴行，非常之恩，弥不可数，将恐愚人常冀侥幸，惟欲犯法，不能改过。"

02

贞观十年。太宗谓侍臣曰："国家法令，惟须简约，不可一罪作数种条。格式既多，官人不能尽记，更生奸诈。若欲出罪即引轻条，若欲入罪即引重条。数变法者，实不益道理，宜令审细，毋使互文[①]。"

03

贞观十一年。太宗谓侍臣曰："诏令格式，若不常定则人心多惑，奸诈益生。《周易》称'涣汗其大号'，言发号施令，若汗出于体，一出而不复也。《书》曰：'慎乃出令，令出惟行，弗为反。'且汉祖日不暇给，萧何起于小吏，制法之后，犹称画一。今宜详思此义，不可轻出诏令，必须审定，以为永式。"

04

长孙皇后遇疾，渐危笃。皇太子启后曰："医药备尽，今尊体

① 互文：指互生歧义的条文。

不瘳[1]，请奏赦囚徒并度人入道，冀蒙福佑。”

后曰：“死生有命，非人力所加。若修福可延，吾素非为恶者；若行善无效，何福可求？赦者，国之大事，佛道者，上每示存异方之教耳。常恐为理体之弊，岂以吾一妇人而乱天下法？不能依汝言。”

① 瘳（chōu）：病愈。

第33章　辩兴亡

01

贞观初。太宗从容谓侍臣曰："周武平纣之乱，以有天下；秦皇因周之衰，遂吞六国。其得天下不殊，祚运长短若此之相悬也？"

尚书右仆射萧瑀进曰："纣为无道，天下苦之，故八百诸侯不期而会。周室微，六国无罪，秦氏专任智力，吞食诸侯。平定虽同，人情则异。"

太宗曰："不然，周既克殷，务弘仁义；秦既得志，专行诈力。非但取之有异，抑亦守之不同。祚之修短，意在兹乎！"

02

贞观二年。太宗谓黄门侍郎王珪曰："隋开皇十四年大旱，人多饥乏。是时仓库盈溢，竟不许赈给，乃令百姓逐粮。隋文不怜百姓而惜仓库，比至末年，计天下储积，得供五六十年。炀帝恃此富饶，所以奢华无道，遂致灭亡。炀帝失国，亦此之由。凡理国者，务积于人，不在盈其仓库。古人云：'百姓不足，君孰与足？'但使仓库可备凶年，此外何烦储蓄？后嗣若贤，自能保其天下；如其不肖，多积仓库，徒益其奢侈，危亡之本也。"

03

贞观五年。太宗谓侍臣曰："天道福善祸淫，事犹影响[①]。昔启人[②]亡国来奔，隋文帝不吝粟帛，大兴士众，营卫安置，乃得存立。既而强富，子孙不思念报德，才至失脱，即起兵围炀帝于雁门。及隋国乱，又恃强深入，遂使昔安立其国家者，身及子孙，并为颉利破亡，岂非背恩忘义所至也！"

---

① 影响：指应验。

② 启人：即启民可汗（？—609），东突厥可汗，名染干，也称突利可汗，后降隋。

群臣咸曰："诚如圣旨。"

04

贞观九年。北蕃归朝人奏："突厥内大雪，人饥，羊马并死。中国人在彼者皆入山作贼，人情大恶。"

太宗谓侍臣曰："观古人君，行仁义，任贤良则理；行暴乱，任小人则败。突厥所信任者，并共公等见之，略无忠正可取者。颉利复不忧百姓，恣情所为，朕以人事观之，亦何可久矣？"

魏徵进曰："昔魏文侯问李克：'诸侯谁先亡？'克曰：'吴先亡。'文侯曰：'何故？'克曰：'数战数胜，数胜则主骄，数战则民疲，不亡何待？'颉利逢隋末中国丧乱，遂恃众内侵，今尚不息，此其必亡之道。"

太宗深然之。

05

贞观九年。太宗谓魏徵曰："顷读周、齐史，末代亡国之主，为恶多相类也。齐主深好奢侈，所有府库，用之略尽，乃至关市无不税敛。朕常谓此犹如馋人自食其肉，肉尽必死。人君赋敛不已，百姓既弊，其君亦亡，齐主即是也。然天元、齐主，若为优劣？”

徵对曰：“二主亡国虽同，其行则别。齐主懦弱，政出多门，国无纲纪，遂至亡灭。天元性凶而强，威福在己，亡国之事，皆在其身。以此论之，齐主为劣。”

第34章　论贡赋

01

贞观二年。太宗谓朝集使曰："任土作贡，布在前典，当州[①]所产，则充庭实[②]。比闻都督、刺史邀射声名，厥土所赋，或嫌其不善，逾境外求，更相仿效，遂以成俗。极为劳扰，宜改此弊，不得更然。"

02

贞观中。林邑国[③]贡白鹦鹉，性辩慧，尤善应答，屡有苦寒之

① 当州：本州。

② 庭实：列于朝堂上的贡品。

③ 林邑国：古国名，又作"临邑国"。大概在今越南南部顺化一带。

言。太宗愍之，付其使，令还出于林薮。

03

贞观十二年。疏勒、朱俱波、甘棠遣使贡方物。太宗谓群臣曰："向使中国不安，日南、西域朝贡使亦何缘而至？朕何德以堪之！睹此翻怀危惧。近代平一天下、拓定边方者，惟秦皇、汉武。始皇暴虐，至子而亡。汉武骄奢，国祚几绝。朕提三尺剑以定四海，远夷率服，亿兆乂安，自谓不减二主也。然二主末途皆不能自保，由是每自惧危亡，必不敢懈怠。惟藉公等直言正谏，以相匡弼。若惟扬美隐恶，共进谀言，则国之危亡，可立而待也。"

04

贞观十八年。太宗将伐高丽，其莫离支[①]遣使贡白金。黄门侍郎褚遂良谏曰：

---

① 莫离支：高丽官职名，掌军事。

莫离支虐杀其主，九夷所不容，陛下以之兴兵，将事吊伐，为辽东之人报主辱之耻。古者讨弑君之贼，不受其赂。昔宋督遗鲁君以郜鼎，桓公受之于太庙。臧哀伯谏曰："君人者将昭德塞违。今灭德立违而置其赂器于太庙，百官象之，又何诛焉！武王克商，迁九鼎于雒邑，义士犹或非之。而况将昭违乱之赂器，置诸太庙，其若之何？"夫《春秋》之书，百王取则，若受不臣之筐篚[1]，纳弑逆之朝贡，不以为愆，将何致伐？臣谓莫离支所献，自不合受。

太宗从之。

05

贞观十九年。高丽王高藏及莫离支盖苏文遣使献二美女。太宗谓其使曰："朕悯此女离其父母兄弟于本国，若爱其色而伤其心，我不取也。"并却还之本国。

① 筐篚（fěi）：方曰筐，圆曰篚，皆盛物竹具。代指贿赂的物品。

第九卷

第35章　议征伐

01

武德九年冬。突厥颉利、突利二可汗，以其众二十万，至渭水便桥之北，遣酋帅执矢思力入朝为觇，自张声势云："二可汗总兵百万，今已至矣。"乃请返命。

太宗谓曰："我与突厥面自和亲，汝则背之，我无所愧。何辄将兵入我畿县，自夸强盛，我当先戮尔矣！"思力惧而请命。

萧瑀、封德彝等请礼而遣之，太宗曰："不然。今若放还，必谓我惧。"乃遣囚之。

太宗曰："颉利闻我国家新有内难，又闻朕初即位，所以率其兵众，直至于此，谓我不敢拒之。朕若闭门自守，虏必纵兵大掠。强弱之势，在今一策。朕将独出，以示轻之，且耀军容，使知必战；事出不意，乖其本图，制服匈奴，在兹举矣。"遂单马而进，隔津与语，颉利莫能测。

俄而六军继至。颉利见军容大盛，又知思力就拘，由是大惧，请盟而退。

02

贞观初。岭南诸州奏言高州酋帅冯盎、谈殿①阻兵反叛。诏将军蔺谟发江、岭数十州兵讨之。

秘书监魏徵谏曰：

> 中国初定，疮痍未复，岭南瘴疠，山川阻深，兵远难继，疾疫或起，若不如意，悔不可追。且冯盎若反，即须及中国未宁，交结远人，分兵断险，破掠州县，署置官司，何因告来数年，兵不出境？此则反形未成，无容动众。陛下既未遣使人就彼观察，即来朝谒，恐不见明。今若遣使，分明晓谕，必不劳师旅，自致阙庭。

太宗从之，岭表悉定。

侍臣奏言："冯盎、谈殿往年恒相征伐。陛下发一单使，岭外

① 冯盎（？—646），字明达，隋亡后占据岭南二十余州，自号总管，降唐后被高祖封为越国公。谈殿，生平事迹不详，隋亡时也占据在岭南一带。

恬然。”

太宗曰：“初，岭南诸州盛言盎反，朕必欲讨之，魏徵频谏，以为但怀之以德，必不讨自来。既从其计，遂得岭表无事，不劳而定，胜于十万之师。”

乃赐徵绢五百匹。

03

贞观四年。有司上言：“林邑蛮国，表疏不顺，请发兵讨击之。”

太宗曰：“兵者，凶器，不得已而用之。故汉光武云：‘每一发兵，不觉头须为白。’自古以来，穷兵极武，未有不亡者也。苻坚自恃兵强，欲必吞晋室，兴兵百万，一举而亡。隋主亦必欲取高丽，频年劳役，人不胜怨，遂死于匹夫之手。至如颉利，往岁数来侵我国家，部落疲于征役，遂至灭亡。朕今见此，岂得辄即发兵？但经历山险，土多瘴疠，若我兵士疾疫，虽克剪此蛮，亦何所补？言语之间，何足介意！”竟不讨之。

04

贞观五年。康国[①]请归附。时太宗谓侍臣曰："前代帝王，大有务广土地，以求身后之虚名，无益于身，其人甚困。假令于身有益，于百姓有损，朕必有为，况求虚名而损百姓乎？康国既来归朝，有急难不得不救；兵行万里，岂得无劳于人？若劳人求名，非朕所欲。所请归附，不须纳也。"

05

贞观十四年。兵部尚书侯君集伐高昌，及师次柳谷，候骑言："高昌王麹文泰死，克日将葬，国人咸集，以二千轻骑袭之，可尽得也。"副将薛万均、姜行本皆以为然。

君集曰："天子以高昌骄慢，使吾恭行天诛，乃于墟墓间以袭其葬，不足称武，此非问罪之师也。"遂按兵以待葬毕，然后进军，遂平其国。

---

① 康国：即康居国，位于锡尔河至阿姆河之间，国王的祖先是月氏人。

06

贞观十六年。太宗谓侍臣曰："北狄代为寇乱，今延陀倔强，须早为之所。朕熟思之，惟有二策：选徒十万，击而虏之，涤除凶丑，百年无患，此一策也。若遂其来请，与之为婚媾。朕为苍生父母，苟可利之，岂惜一女！北狄风俗，多由内政，亦既生子，则我外孙，不侵中国，断可知矣。以此而言，边境足得三十年来无事。举此二策，何者为先？"

司空房玄龄对曰："遭隋室大乱之后，户口太半未复，兵凶战危，圣人所慎，和亲之策，实天下幸甚。"

07

贞观十七年。太宗谓侍臣曰："盖苏文弑其主而夺其国政，诚不可忍。今日国家兵力，取之不难，朕未能即动兵众，且令契丹、靺鞨搅扰之，何如？"

房玄龄对曰："臣观古之列国，无不强陵弱，众暴寡。今陛下抚养苍生，将士勇锐，力有余而不取之，所谓止戈为武者也。昔汉武帝屡伐匈奴，隋主三征辽左，人贫国败，实此之由，惟陛下详察。"

太宗曰："善！"

08

贞观十八年。太宗以高丽莫离支贼杀其主，残虐其下，议将讨之。谏议大夫褚遂良进曰："陛下兵机神算，人莫能知。昔隋末乱离，克平寇难，及北狄侵边，西蕃失礼，陛下欲命将击之，群臣莫不苦谏，唯陛下明略独断，卒并诛夷。今闻陛下将伐高丽，意皆荧惑。然陛下神武英声，不比周、隋之主，兵若渡辽，事须克捷，万一不获，无以威示远方，必更发怒，再动兵众。若至于此，安危难测。"太宗然之。

09

贞观十九年。太宗将亲征高丽，开府仪同三司[①]尉迟敬德奏言："车驾若自往辽左，皇太子又监国定州，东西二京，府库所在，虽有镇守，终是空虚。辽东路遥，恐有玄感之变。且边隅小国，不足亲劳万乘。若克胜，不足为武；傥不胜，翻为所笑。伏请委之良将，自可应时摧灭。"太宗虽不从其谏，而识者是之。

---

① 开府仪同三司：唐代文散官的最高官阶，从一品。

10

礼部尚书江夏王道宗从太宗征高丽，诏道宗与李勣为前锋，及济辽水克盖牟城，逢贼兵大至，军中佥[①]欲深沟保险，待太宗至，徐进。

道宗议曰："不可。贼赴急远来，兵实疲顿，恃众轻我，一战可摧。昔耿弇[②]不以贼遗君父，我既职在前军，当须清道以待舆驾。"

李勣大然其议。乃率骁勇数百骑，直冲贼阵，左右出入，勣因合击，大破之。

太宗至，深加赏劳。道宗在阵损足，帝亲为针灸，赐以御膳。

11

太宗《帝范》曰："夫兵甲者，国家凶器也。土地虽广，好战则人凋；中国虽安，忘战则人殆。凋非保全之术，殆非拟寇之方，不可以全除，不可以常用。故农隙讲武，习威仪也；三年治

---

① 佥：全，都。

② 耿弇（3—58）：字伯昭，东汉名将，"云台二十八将"之一。

兵，辨等列也。是以勾践轼蛙[①]，卒成霸业；徐偃弃武，终以丧邦。何也？越习其威，徐忘其备也。孔子曰：‘以不教人战，是谓弃之。’故知弧矢之威，以利天下，此用兵之职也。”

12

贞观二十二年。太宗将重讨高丽。是时，房玄龄寝疾增剧，顾谓诸子曰：“当今天下清谧，咸得其宜，唯欲东讨高丽，方为国害。吾知而不言，可谓衔恨入地。”

遂上表谏曰：

> 臣闻兵恶不戢，武贵止戈。当今圣化所覃[②]，无远不暨。上古所不臣者，陛下皆能臣之；所不制者，皆能制之。详观古今，为中国患害，无过突厥。遂能坐运神策，不下殿堂，大小可汗，相次束手，分典禁卫，执戟行间。其后延陀鸱张，寻就夷灭。铁勒慕义，请置州县。沙漠已北，万里无尘。至如高昌叛涣于流沙，吐浑首鼠于积石，偏师薄伐，俱从平荡。高丽历代逋诛，莫

---

① 勾践轼蛙：据《吴越春秋·勾践伐吴外传》载：越王勾践将伐吴，出，见怒蛙，勾践俯凭车轼为敬。从者问故，勾践曰：“吾意者，今蛙虫无知之物，见敌而有怒气，故为之轼。”军士听之，“莫不怀心乐死”。后成为激励士卒的典故。

② 覃：延伸，深入。

能讨击。陛下责其逆乱，杀主虐人，亲总六军，问罪辽、碣。未经旬日，即拔辽东，前后虏获，数十万计，分配诸州，无处不满。雪往代之宿耻，掩崤陵之枯骨，比功校德，万倍前王。此圣主所自知，微臣安敢备说。

且陛下仁风被于率土，孝德彰于配天。睹夷狄之将亡，则指期数岁；授将帅之节度，则决机万里。屈指而候驿，视景而望书，符应若神，算无遗策。擢将于行伍之中，取士于凡庸之末。远夷单使，一见不忘；小臣之名，未尝再问。箭穿七札，弓贯六钧。加以留情坟典，属意篇什，笔迈锺、张，词穷贾、马。文锋既振则宫徵自谐，轻翰暂飞则花葩竞发。抚万姓以慈，遇群臣以礼。褒秋毫之善，解吞舟之网。逆耳之谏必听，肤受之愬[①]斯绝。好生之德，禁障塞于江湖；恶杀之仁，息鼓刀于屠肆。凫鹤荷稻粱之惠，犬马蒙帷盖之恩。降尊吮思摩之疮，登堂临魏徵之柩。哭战亡之卒则哀动六军，负填道之薪则情感天地。重黔黎之大命，特尽心于庶狱。臣心识昏愦，岂足论圣功之深远，谈天德之高大哉！陛下兼众美而有之，靡不备具，微臣深为陛下惜之重之，爱之宝之。

---

① 肤受之愬：指谗言。愬，“诉”的异体字。

《周易》曰："知进而不知退，知存而不知亡，知得而不知丧。"又曰："知进退存亡而不失其正者，其惟圣人乎！"由此言之，进有退之义，存有亡之机，得有丧之理，老臣所以为陛下惜之者，盖谓此也。《老子》曰："知足不辱，知止不殆。"臣谓陛下威名功德，亦可足矣；拓地开疆，亦可止矣。彼高丽者，边夷贱类，不足待以仁义，不可责以常理。古来以鱼鳖畜之，宜从阔略。必欲绝其种类，深恐兽穷则搏。且陛下每决死囚，必令三覆五奏，进素食、停音乐者，盖以人命所重，感动圣慈也。况今兵士之徒，无一罪戾，无故驱之于战阵之间，委之于锋刃之下，使肝脑涂地，魂魄无归，令其老父孤儿、寡妻慈母，望辖车[①]而掩泣，抱枯骨而摧心，足以变动阴阳，感伤和气，实天下之冤痛也！且兵，凶器；战，危事，不得已而用之。向使高丽违失臣节，而陛下诛之可也；侵扰百姓，而陛下灭之可也；久长能为中国患，而陛下除之可也。有一于此，虽日杀万夫，不足为愧。今无此三条，坐烦中国，内为旧主雪怨，外为新罗报仇，岂非所存者小，所损者大？

愿陛下遵皇祖老子止足之诫，以保万代巍巍之名。

---

① 辖（wèi）车：运灵柩的丧车。

发霈然之恩，降宽大之诏，顺阳春[①]以布泽，许高丽以自新，焚凌波之船，罢应募之众，自然华夷庆赖，远肃迩安。臣老病三公，朝夕入地，所恨竟无尘露，微增海岳。谨罄残魂余息，豫代结草之诚。傥蒙录此哀鸣，即臣死骨不朽。

太宗见表，叹曰："此人危笃如此，尚能忧我国家。"虽谏不从，终为善策。

13

贞观二十二年。军旅亟动，宫室互兴，百姓颇有劳弊。充容徐氏[②]上疏谏曰：

贞观已来，二十有余载，风调雨顺，年登岁稔，人无水旱之弊，国无饥馑之灾。昔汉武帝守文之常主，犹登刻玉之符[③]；齐桓小国之庸君，尚涂泥金之事[④]。望

① 阳春：比喻太平盛世。

② 充容徐氏：充容，唐嫔妃名。徐氏，即唐太宗之妃徐惠，徐孝德之女，太宗薨，二十四岁以身殉情。

③ 刻玉之符：即玉牒，古代帝王进行封禅大典时所用的玉牒文书。

④ 泥金之事：指封禅大典。

陛下推功损己，让德不居。亿兆倾心，犹阙告成之礼；云、亭[①]伫谒，未展升中之仪。此之功德，足以咀嚼百王，网罗千代者矣。然古人有云："虽休勿休。"良有以也。守初保末，圣哲罕兼。是知业大者易骄，愿陛下难之；善始者难终，愿陛下易之。

妾见顷年以来，力役兼总，东有辽海之军[②]，西有昆丘之役[③]，士马疲于甲胄，舟车倦于转输。且召募役戍，去留怀死生之痛，因风阻浪，往来有漂溺之危。一夫力耕，年无数十之获；一船致损，则倾数百之粮。是犹运有尽之农功，填无穷之巨浪；图未获之他众，丧已成之我军。虽除凶伐暴，有国常规，然黩武玩兵，先哲所戒。昔秦皇并吞六国，反速危亡之基；晋武奄有三方，翻成覆败之业。岂非矜功恃大，弃德轻邦，图利忘害，肆情纵欲？遂使悠悠六合，虽广不救其亡；嗷嗷黎庶，因弊以成其祸。是知地广非常安之术，人劳乃易乱之源。愿陛下布泽流仁，减行役之烦，增雨露之惠。

妾又闻为政之本，贵在无为。窃见土木之功，不

---

① 云、亭：指泰山下的云云山和亭亭山。

② 辽海之军：指征讨高丽一事。

③ 昆丘之役：指西征龟兹国一事。

可兼遂。北阙初建，南营翠微，曾未逾时，玉华创制。非惟构架之劳，颇有工力之费。虽复茅茨示约，犹兴木石之疲，假使和雇取人[①]，不无烦扰之弊。是以卑宫菲食[②]，圣王之所安；金屋瑶台，骄主之为丽。故有道之君，以逸逸人；无道之君，以乐乐身。愿陛下使之以时，则力不竭矣；用而息之，则心斯悦矣。

夫珍玩技巧，为丧国之斧斤；珠玉锦绣，实迷心之酖毒。窃见服玩鲜靡，如变化于自然；职贡奇珍，若神仙之所制；虽驰华于季俗，实败素于淳风。是知漆器非延叛之方，桀造之而人叛；玉杯岂招亡之术，纣用之而国亡。方验侈丽之源，不可不遏。夫作法于俭，犹恐其奢；作法于奢，何以制后？伏惟陛下，明照未形，智周无际，穷奥秘于麟阁[③]，尽探赜[④]于儒林。千王理乱之踪，百代安危之迹，兴亡衰乱之数，得失成败之机，固亦包吞心府之中，循环目围之内，乃宸衷久察，无假一二言焉。惟知之非难，行之不易，志骄于业著，体逸于时安。伏愿抑志摧心，慎终

---

① 和雇取人：官府出资雇用人力办事。

② 菲食：粗劣食物。

③ 麟阁：指麒麟阁。汉宣帝为表彰功臣而将他们的画像放在麒麟阁内。

④ 探赜（zé）：探究幽隐之事。

成始，削轻过以添重德，择今是以替前非，则鸿名与日月无穷，盛业与乾坤永泰！

太宗甚善其言，特加优赐甚厚。

第36章　议安边

01

贞观四年。李靖击突厥颉利，败之，其部落多来归降者。诏议安边之策，中书令温彦博议："请于河南[①]处之。准汉建武时置降匈奴于五原塞下，全其部落，得为捍蔽，又不离其土俗，因而抚之，一则实空虚之地，二则示无猜之心，是含育之道也。"太宗从之。

秘书监魏徵曰："匈奴自古至今，未有如斯之破败，此是上天剿绝，宗庙神武。且其世寇中国，万姓冤雠，陛下以其为降，不能诛灭，即宜遣还河北[②]，居其旧土。匈奴人面兽心，非我族类，强必寇盗，弱则卑伏，不顾恩义，其天性也。秦、汉患之者若

---

① 河南：指北方河套以南地区。

② 河北：指北方河套以北地区。

是，故时发猛将以击之，收其河南以为郡县。陛下奈何以内地居之，且今降者几至十万，数年之后，滋息过倍，居我肘腋，甫迩王畿，心腹之疾，将为后患，尤不可处以河南也。”

温彦博曰：“天子之于万物也，天覆地载，有归我者则必养之。今突厥破除，余落归附，陛下不加怜愍，弃而不纳，非天地之道，阻四夷之意，臣愚甚为不可，宜处之河南。所谓死而生之，亡而存之，怀我厚恩，终无叛逆。”

魏徵曰：“晋代有魏时，胡部落分居近郡，江统劝逐出塞外，武帝不用其言，数年之后，遂倾瀍、洛[①]。前代覆车，殷鉴不远。陛下必用彦博言，遣居河南，所谓养兽自遗患也。”

彦博又曰：“臣闻圣人之道，无所不通。突厥余魂，以命归我，收居内地，教以礼法，选其酋首，遣居宿卫，畏威怀德，何患之有？且光武居河南单于于内郡，以为汉藩翰[②]，终于一代，不有叛逆。”又曰：“隋文帝劳兵马，费仓库，树立可汗，令复其国，后孤恩失信，围炀帝于雁门。今陛下仁厚，从其所欲，河南、河北，任情居住，各有酋长，不相统属，力散势分，安能为害？”

给事中杜楚客[③]进曰：“北狄人面兽心，难以德怀，易以威

① 瀍（chán）、洛：指瀍河和洛河。

② 藩翰：指拱卫王室的屏障。

③ 杜楚客：杜如晦之弟，有才干。

服。今令其部落散处河南，逼近中华，久必为患。至如雁门之役，虽是突厥背恩，自由隋主无道。中国以之丧乱，岂得云兴复亡国以致此祸？夷不乱华，前哲明训，存亡继绝，列圣通规。臣恐事不师古，难以长久。”太宗嘉其言，方务怀柔，未之从也。卒用彦博策，自幽州至灵州，置顺、祐、化、长四州都督府以处之，其人居长安者近且万家。

02

自突厥颉利破后，诸部落首领来降者，皆拜将军中郎将，布列朝廷，五品已上百余人，殆与朝士相半，唯拓拔[①]不至，又遣招慰之，使者相望于道。凉州都督李大亮，以为于事无益，徒费中国，上疏曰：

> 臣闻欲绥远者，必先安近，中国百姓，天下根本，四夷之人，犹于枝叶，扰其根本以厚枝叶而求久安，未之有也。自古明王，化中国以信，驭夷狄以权。故《春秋》云：“戎狄豺狼，不可厌也；诸夏亲昵，不可弃也。”自陛下君临区宇，深根固本，人逸兵强，九州

① 拓拔：指拓跋赤辞，党项族首领。

殷富，四夷自服。今者招致突厥，虽入提封[①]，臣愚稍觉劳费，未悟其有益也。然河西民庶，镇御藩夷，州县萧条，户口鲜少，加因隋乱，减耗尤多，突厥未平之前，尚不安业；匈奴微弱以来，始就农亩，若即劳役，恐致妨损，以臣愚惑，请停招慰。且谓之荒服者，故臣而不纳。是以周室爱民攘狄，竟延八百之龄；秦王轻战事胡，故四十载而绝灭；汉文养兵静守，天下安丰；孝武扬威远略，海内虚耗，虽悔轮台[②]，追已不及。至于隋室，早得伊吾，兼统鄯善，且既得之后，劳费日甚，虚内致外，竟损无益。远寻秦、汉，近观隋室，动静安危，昭然备矣。伊吾虽已臣附，远在藩碛，民非夏人，地多沙卤。其自竖立称藩附庸者，请羁縻[③]受之，使居塞外，必畏威怀德，永为藩臣，盖行虚惠而收实福矣。近日突厥倾国入朝，既不能俘之江淮，以变其俗，乃置于内地，去京不远，虽则宽仁之义，亦非久安之计也。每见一人初降，赐物五匹，袍一领，酋长悉授大官，禄厚位尊，理多縻费。以中国之租赋，供积恶之凶虏，其众益多，非中国之利也。

---

① 提封：指疆域、版图。

② 轮台：古地名，在今新疆轮台县南。

③ 羁縻：笼络。

太宗不纳。

03

十三年。太宗幸九成宫。突利可汗弟中郎将阿史那结社率阴结所部，并拥突利子贺罗鹘夜犯御营。事败，皆捕斩之。太宗自是不直[①]突厥，悔处其部众于中国，还其旧部于河北，建牙于故定襄城，立李思摩为乙弥泥熟俟利苾可汗以主之。

因谓侍臣曰："中国百姓，实天下之根本，四夷之人，乃同枝叶，扰其根本以厚枝叶而求久安，未之有也。初不纳魏徵言，遂觉劳费日甚，几失久安之道。"

04

贞观十四年。侯君集平高昌之后，太宗欲以其地为州县。魏徵曰："陛下初临天下，高昌王先来朝谒，自后数有商胡称其遏绝贡献，加之不礼大国诏使，遂使王诛载加。若罪止文泰，斯亦可矣。未若因抚其民而立其子，所谓伐罪吊民，威德被于遐外，为

① 不直：不再信任。

国之善者也。今若利其土壤以为州县，常须千余人镇守，数年一易。每来往交替，死者十有三四，遣办衣资，离别亲戚，十年之后，陇右空虚，陛下终不得高昌撮谷尺布以助于中国。所谓散有用而事无用，臣未见其可。”太宗不从，竟以其地置西州，仍以西州为安西都护府，每岁调发千余人，防遏其地。

黄门侍郎褚遂良亦以为不可，上疏曰：

> 臣闻古者哲后临朝，明王创业，必先华夏而后夷狄，广诸德化，不事遐荒。是以周宣薄伐，至境而反；始皇远塞，中国分离。陛下诛灭高昌，威加西域，收其鲸鲵[①]，以为州县。然则王师初发之岁，河西供役之年，飞刍挽粟[②]，十室九空，数郡萧然，五年不复。陛下每岁遣千余人而远事屯戍，终年离别，万里思归。去者资装，自须营办，既卖菽粟，倾其机杼。经途死亡，复在方外。兼遣罪人，增其防遏。所遣之内，复有逃亡，官司捕捉，为国生事。高昌涂路，沙碛千里，冬风冰冽，夏风如焚，行人遇之多死。《易》云：“安不忘危，理不忘乱。”设令张掖尘飞，酒泉烽举，陛下岂能得高昌一人菽粟而及事乎？终须发陇右诸州，星驰电击。由斯而

① 鲸鲵：喻指凶恶之人。

② 飞刍挽粟。指频繁的运送粮食。

言，此河西者方于心腹，彼高昌者他人手足，岂得糜费中华，以事无用？陛下平颉利于沙塞，灭吐浑于西海。突厥余落，为立可汗；吐浑遗萌[1]，更树君长。复立高昌，非无前例，此所谓有罪而诛之，既服而存之。宜择高昌可立者，征给首领，遣还本国。负戴洪恩，长为藩翰。中国不扰，既富且宁，传之子孙，以贻永代。

疏奏，不纳。

05

至十六年，西突厥遣兵寇西州。太宗谓侍臣曰："朕闻西州有警急，虽不足为害，然岂能无忧乎？往者初平高昌，魏徵、褚遂良劝朕立麴文泰子弟，依旧为国，朕竟不用其计，今日方自悔责。昔汉高祖遭平城之围而赏娄敬，袁绍败于官渡而诛田丰。朕恒以此二事为诫，宁得忘所言者乎！"

① 遗萌：犹遗氓。萌，通"氓"，指外来者。

第十卷

第37章　论行幸

01

贞观初。太宗谓侍臣曰：“隋炀帝广造宫室，以肆行幸，自西京至东都，离宫别馆，相望道次，乃至并州、涿郡，无不悉然。驰道皆广数百步，种树以饰其傍。人力不堪，相聚为贼。逮至末年，尺土一人，非复己有。以此观之，广宫室，好行幸，竟有何益？此皆朕耳所闻，目所见，深以自诫。故不敢轻用人力，惟令百姓安静，不有怨叛而已。”

02

贞观十一年。太宗幸洛阳宫，泛舟于积翠池，顾谓侍臣曰：“此宫观台沼并炀帝所为，所谓驱役生人，穷此雕丽，复不能守此一都，以万人为虑。好行幸不息，人所不堪。昔诗人云：‘何草不黄？何日不行？’‘小东大东，杼轴其空。’正谓此也。遂使天下怨叛，身死国灭，今其宫苑尽为我有。隋氏倾覆者，岂惟其君无道，亦由股肱无良。如宇文述、虞世基、裴蕴之徒，居高官，食厚禄，受人委任，惟行谄佞，蔽塞聪明，欲令其国无危，不可得也。”

司空长孙无忌奏言：“隋氏之亡，其君则杜塞忠谠之言，臣则苟欲自全。左右有过，初不纠举，寇盗滋蔓，亦不实陈。据此，即不惟天道，实由君臣不相匡弼。”

太宗曰：“朕与卿等承其余弊，惟须弘道移风，使万代永赖矣。”

03

贞观十三年。太宗谓魏徵等曰：“隋炀帝承文帝余业，海内殷阜，若能常据关中，岂有倾败？遂不顾百姓，行幸无期，径往江都，不纳董纯、崔象等谏诤，身戮国灭，为天下笑。虽复帝祚长短，委以玄天；而福善祸淫，亦由人事。朕每思之，若欲君臣长久，国无危败，君有违失，臣须极言。朕闻卿等规谏，纵不能当时即从，再三思审，必择善而用之。”

04

贞观十二年。太宗东巡狩，将入洛，次于显仁宫，宫苑官司多被责罚。侍中魏徵进言曰：“陛下今幸洛州，为是旧征行处，庶其安定，故欲加恩故老。城郭之民未蒙德惠，官司苑监多及罪辜，或以供奉之物不精，又以不为献食，此则不思止足，志在奢靡。既乖行幸本心，何以副百姓所望？隋主先命在下多作献食，献食不多则有威罚。上之所好，下必有甚，竞为无限，遂至灭亡。此非载籍所闻，陛下目所亲见，为其无道，故天命陛下代之。当战战栗栗，每事省约，参踪前列，昭训子孙，奈何今日欲在人之下？陛下若以为足，今日不啻足矣。若以为不足，万倍于此，亦不足也。”

太宗大惊曰：“非公，朕不闻此言。自今已后，庶几无如此事。”

第38章　论畋猎

01

秘书监虞世南以太宗颇好畋猎，上疏谏曰：

臣闻秋狝冬狩，盖惟恒典；射隼从禽，备乎前诰。伏惟陛下因听览之余辰，顺天道以杀伐，将欲摧班碎掌，亲御皮轩，穷猛兽之窟穴，尽逸材之林薮。夷凶翦暴，以卫黎元；收革擢羽，用充军器；举旗效获，式遵前古。然黄屋之尊，金舆之贵，八方之所仰德，万国之所系心，清道而行，犹戒衔橛，斯盖重慎防微，为社稷也。是以马卿[1]直谏于前，张昭变色于后[2]。臣诚细微，敢忘斯义？且天弧星罼[3]，所殪已多，颁禽赐获，皇恩亦溥。伏愿时息猎车，且韬长戟，不拒刍荛之请，降纳涓浍之流，袒裼徒搏，任之群下，则贻范百王，永光万代。

太宗深嘉其言。

02

谷那律[4]为谏议大夫，尝从太宗出猎，在途遇雨，太宗问曰：“油衣若为得不漏？”

对曰：“能以瓦为之，必不漏矣！”

意欲太宗弗数游猎。大被嘉纳，赐帛五十段，加以金带。

03

贞观十一年。太宗谓侍臣曰：“朕昨往怀州，有上封事者云：

① 马卿：指司马相如。他随从武帝去打猎，见武帝总是喜欢亲自追逐击杀猛兽，于是上疏规谏，被武帝采纳。

② 张昭变色于后：指张昭见孙权亲自驰马射虎，吓得面目变色，从而极力劝谏一事。

③ 天弧星罼（bì）：比喻弓箭罗网密布。

④ 谷那律（？—约650）：贞观中任谏议大夫兼弘文馆学士。

‘何为恒差山东[1]众丁于苑内营造？即日徭役，似不下隋时。怀、洛以东，残人不堪其命，而田猎犹数，骄逸之主也。今者复来怀州田猎，忠谏不复至洛阳矣。’四时蒐田[2]，既是帝王常礼，今日怀州，秋毫不干于百姓。凡上书谏正，自有常准，臣贵有词，主贵能改。如斯诋毁，有似咒诅。”

侍中魏徵奏称：“国家开直言之路，所以上封事者尤多。陛下亲自披阅，或冀臣言可取，所以侥幸之士得肆其丑。臣谏其君，甚须折衷，从容讽谏。汉元帝尝以酎[3]祭宗庙，出便门，御楼船。御史大夫薛广德[4]当乘舆免冠曰：‘宜从桥。陛下不听臣言，臣自刎，以颈血污车轮，陛下不入庙矣。’元帝不悦。光禄卿张猛进曰：‘臣闻主圣臣直，乘船危，就桥安。圣主不乘危，广德言可听。’元帝曰：‘晓人不当如是耶？’乃从桥。以此而言，张猛可谓直臣谏君也。”太宗大悦。

04

贞观十四年。太宗幸同州沙苑，亲格猛兽，复晨出夜还。特

① 山东：指华山、太行山以东地区。

② 蒐（sōu）田：春季田猎。

③ 酎（zhòu）：经过两次及多次酿造的醇酒。

④ 薛广德：字长卿，生卒年不详，西汉著名的经学家，位及三公。

进魏徵奏言：“臣闻《书》美文王不敢盘于游田，《传》述《虞箴》称夷羿以为戒。昔汉文临峻坂欲驰下，袁盎[1]揽辔曰：‘圣主不乘危，不徼幸，今陛下骋六飞，驰不测之山，如有马惊车败，陛下纵欲自轻，奈高庙何？’孝武好格猛兽，相如进谏：‘力称乌获[2]，捷言庆忌[3]，人诚有之，兽亦宜然。猝遇逸材之兽，骇不存之地，虽乌获、逢蒙[4]之伎不得用，而枯木朽株尽为难矣。虽万全而无患，然而本非天子所宜。’孝元帝郊泰畤[5]，因留射猎，薛广德称：‘窃见关东困极，百姓罹灾。今日撞亡秦之钟，歌郑、卫之乐，士卒暴露，从官劳倦，欲安宗庙社稷何？凭河暴虎，未之戒也？’臣窃思此数帝，心岂木石，独不好驰骋之乐？而割情屈己，从臣下之言者，志存为国，不为身也。臣伏闻车驾近出，亲格猛兽，晨往夜还。以万乘之尊，暗行荒野，践深林，涉丰草，甚非万全之计。愿陛下割私情之娱，罢格兽之乐，上为宗庙社稷，下慰群寮兆庶。”

太宗曰：“昨日之事，偶属尘昏，非故然也，自今深用为诫。”

---

① 袁盎：西汉大臣。汉文帝时因犯言直谏，被调任陇西都尉。

② 乌获：战国时秦之力士。

③ 庆忌：春秋时吴王僚之子，身材魁梧，以勇猛著称。

④ 逢蒙：夏朝有名的神箭手，相传学射于羿。

⑤ 泰畤：祭祀天神的祭坛。

05

贞观十四年。冬十月，太宗将幸栎阳游畋，县丞刘仁轨以收获未毕，非人君顺动之时，诣行所，上表切谏。太宗遂罢猎，擢拜仁轨新安令。

第39章　论灾祥

01

贞观六年。太宗谓侍臣曰："朕比见众议以祥瑞为美事，频有表贺庆。如朕本心，但使天下太平，家给人足，虽无祥瑞，亦可比德于尧、舜。若百姓不足，夷狄内侵，纵有芝草遍街衢，凤凰巢苑囿，亦何异于桀、纣？尝闻石勒时，有郡吏燃连理木[①]，煮白雉肉吃，岂得称为明主耶？又隋文帝深爱祥瑞，遣秘书监王劭著衣冠，在朝堂对考使焚香读《皇隋感瑞经》。旧尝见传说此事，实以为可笑。夫为人君，当须至公理天下，以得万姓之欢心。若尧、舜在上，百姓敬之如天地，爱之如父母，动作兴事，人皆乐之；发号施令，人皆悦之；此是大祥瑞也。自此后诸州所有祥

① 连理木：枝条连生的两棵树。古人认为是祥瑞之兆。

瑞，并不用申奏。”

02

贞观八年。陇右山崩，大蛇屡见，山东及江、淮多大水。太宗以问侍臣，秘书监虞世南对曰：“春秋时，梁山崩，晋侯召伯宗而问焉，对曰：‘国主山川，故山崩川竭，君为之不举乐，降服乘缦，祝币[①]以礼焉。’梁山，晋所主也。晋侯从之，故得无害。汉文帝元年，齐、楚地二十九山同日崩，水大出，令郡国无来献，施惠于天下，远近欢洽，亦不为灾。后汉灵帝时，青蛇见御座；晋惠帝时，大蛇长三百步，见齐地，经市入朝。按蛇宜在草野，而入市朝，所以为怪耳。今蛇见山泽，盖深山大泽，必有龙蛇，亦不足怪。又山东之雨，虽则其常，然阴潜过久，恐有冤狱，宜断省系囚，庶或当天意。且妖不胜德，修德可以销变。”

太宗以为然，因遣使者赈恤饥馁，申理冤讼，多所原宥。

03

贞观八年。有彗星见于南方，长六丈，经百余日乃灭。太宗

---

① 祝币：祭祀用的玉帛。

谓侍臣曰："天见彗星，由朕之不德，政有亏失，是何妖也？"

虞世南对曰："昔齐景公时彗星见，公问晏子。晏子对曰：'公穿池沼畏不深，起台榭畏不高，行刑罚畏不重，是以天见彗星为公戒耳！'景公惧而修德，后十六日而星没。陛下若德政不修，虽麟凤数见，终是无益。但使朝无阙政，百姓安乐，虽有灾变，何损于时？愿陛下勿以功高古人而自矜大，勿以太平渐久而自骄逸。若能终始如一，彗见未足为忧。"

太宗曰："吾之理国，良无景公之过。但朕年十八便为经纶王业，北剪刘武周，西平薛举，东擒窦建德、王世充，二十四而天下定，二十九而居大位，四夷降伏，海内乂安。自谓古来英雄拨乱之主无见及者，颇有自矜之意，此吾之过也。上天见变，良为是乎？秦始皇平六国，隋炀帝富有四海，既骄且逸，一朝而败，吾亦何得自骄也？言念于此，不觉惕焉震惧！"

魏徵进曰："臣闻自古帝王未有无灾变者，但能修德，灾变自销。陛下因有天变，遂能戒惧，反复思量，深自克责，虽有此变，必不为灾也。"

04

贞观十一年。大雨，榖水溢，冲洛城门，入洛阳宫，平地五尺，毁宫寺十九所，漂七百余家。太宗谓侍臣曰："朕之不德，皇天降灾，将由视听弗明，刑罚失度，遂使阴阳舛谬，雨水乖常。矜物罪己，载怀忧惕。朕又何情独甘滋味？可令尚食[①]断肉料，进蔬食。文武百官各上封事，极言得失。”

中书侍郎岑文本上封事曰：

> 臣闻开拨乱之业，其功既难；守已成之基，其道不易。故居安思危，所以定其业也；有始有卒，所以崇其基也。今虽亿兆乂安，方隅宁谧，既承丧乱之后，又接凋弊之余，户口减损尚多，田畴垦辟犹少。覆焘[②]之恩著矣而疮痍未复，德教之风被矣而资产屡空。是以古人譬之种树，年祀绵远，则枝叶扶疏；若种之日浅，根本未固，虽壅之以黑坟[③]，暖之以春日，一人摇之，必致枯槁。今之百姓，颇类于此。常加含养则日就滋息，暂有征役则随日凋耗。凋耗既甚则人不聊生，人不聊生则怨气充塞，怨气充塞则离叛之心生矣。故帝舜曰：“可爱非君，可畏非民。”孔安国曰：“人以君为命，故可爱。君失道，人叛之，故可畏。”仲尼曰：“君犹舟也，人犹水也。水所以载舟，亦所以覆舟。”是以古之哲王虽休勿

---

① 尚食：官职名。掌帝王膳食。

② 覆焘：指施恩。亦作“覆帱”。

③ 黑坟：色黑而坟起，指土地肥沃。

休，日慎一日者，良为此也。

伏惟陛下览古今之事，察安危之机，上以社稷为重，下以亿兆在念。明选举，慎赏罚，进贤才，退不肖。闻过即改，从谏如流。为善在于不疑，出令期于必信。颐神养性，省游畋之娱；去奢从俭，减工役之费。务静方内而不求辟土，载櫜[①]弓矢而不忘武备。凡此数者，虽为国之恒道，陛下之所常行。臣之愚昧，惟愿陛下思而不怠，则至道之美，与三、五比隆，亿载之祚，与天地长久。虽使桑榖为妖[②]，龙蛇作孽，雉雊于鼎耳[③]，石言于晋地，犹当转祸为福，变灾为祥，况雨水之患，阴阳恒理，岂可谓天谴而系圣心哉？臣闻古人有言："农夫劳而君子养焉，愚者言而智者择焉。"辄陈狂瞽[④]，伏待斧钺。

太宗深纳其言。

---

① 櫜（gāo）：古代盛衣甲或弓箭的囊子。

② 桑榖为妖：古人将桑树和楮树合生于朝堂视为不祥之兆。

③ 雉雊于鼎耳：野鸡飞来立于鼎鋬之上鸣叫，这被认为是大凶之兆。典出《史记·殷本纪》。

④ 狂瞽：愚妄无知。多用来自谦。

第40章　论慎终

01

贞观五年。太宗谓侍臣曰："自古帝王亦不能常化，假令内安，必有外扰。当今远夷率服，百谷丰稔，盗贼不作，内外宁静。此非朕一人之力，实由公等共相匡辅。然安不忘危，理不忘乱，虽知今日无事，亦须思其终始。常得如此，始是可贵也。"

魏徵对曰："自古已来，元首股肱不能备具，或时君称圣，臣即不贤；或遇贤臣，即无圣主。今陛下圣明，所以致理。向若直有贤臣而君不思化，亦无所益。天下今虽太平，臣等犹未以为喜，惟愿陛下居安思危，孜孜不怠耳！"

02

贞观六年。太宗谓侍臣曰：“自古人君为善者，多不能坚守其事。汉高祖，泗上一亭长耳，初能拯危诛暴，以成帝业，然更延十数年，纵逸之败，亦不可保。何以知之？孝惠为嫡嗣之重，温恭仁孝，而高帝惑于爱姬之子，欲行废立；萧何、韩信，功业既高，萧既妄系[①]，韩亦滥黜[②]，自余功臣黥布之辈，惧而不安，至于反逆。君臣父子之间悖谬若此，岂非难保之明验也？朕所以不敢恃天下之安，每思危亡以自戒惧，用保其终。”

03

贞观九年。太宗谓公卿曰：“朕端拱无为，四夷咸服，岂朕一人之所致，实赖诸公之力耳！当思善始令终，永固鸿业，子子孙孙，递相辅翼。使丰功厚利施于来叶，令数百年后读我国史，鸿勋茂业粲然可观，岂惟称隆周、炎汉及建武、永平故事而已哉！”

房玄龄因进曰：“陛下㧑挹[③]之志，推功群下，致理升平，本

---

① 萧既妄系：萧何为民请命触怒汉高祖，因而被下狱。

② 韩亦滥黜：因有人诬告韩信意图谋反，高祖将其由楚王贬为淮阴侯。

③ 㧑挹（huī yì）：谦逊，谦让。

关圣德，臣下何力之有？惟愿陛下有始有卒，则天下永赖。”

太宗又曰：“朕观古先拨乱之主，皆年逾四十，惟光武年三十三。但朕年十八便举兵，年二十四定天下，年二十九升为天子，此则武胜于古也。少从戎旅，不暇读书，贞观以来，手不释卷，知风化之本，见政理之源。行之数年，天下大理而风移俗变，子孝臣忠，此又文过于古也。昔周、秦以降，戎狄内侵，今戎狄稽颡，皆为臣妾，此又怀远胜古也。此三者，朕何德以堪之？既有此功业，何得不善始慎终耶！”

04

贞观十二年。太宗谓侍臣曰：“朕读书见前王善事，皆力行而不倦。其所任用公辈数人，诚以为贤。然致理比于三、五之代，犹为不逮，何也？”

魏徵对曰：“今四夷宾服，天下无事，诚旷古所未有。然自古帝王初即位者，皆欲励精为政，比迹于尧、舜；及其安乐也，则骄奢放逸，莫能终其善。人臣初见任用者，皆欲匡主济时，追踪于稷、契；及其富贵也，则思苟全官爵，莫能尽其忠节。若使君臣常无懈怠，各保其终，则天下无忧不理，自可超迈前古也。”

太宗曰：“诚如卿言。”

05

贞观十三年。魏徵恐太宗不能克终俭约，近岁颇好奢纵，上疏谏曰：

臣观自古帝王受图定鼎，皆欲传之万代，贻厥孙谋。故其垂拱岩廊，布政天下。其语道也，必先淳朴而抑浮华；其论人也，必贵忠良而鄙邪佞；言制度也，则绝奢靡而崇俭约；谈物产也，则重谷帛而贱珍奇。然受命之初，皆遵之以成治；稍安之后，多反之而败俗。其故何哉？岂不以居万乘之尊，有四海之富，出言而莫己逆，所为而人必从，公道溺于私情，礼节亏于嗜欲故也？语曰："非知之难，行之为难；非行之难，终之斯难。"所言信矣。

伏惟陛下年甫弱冠，大拯横流，削平区宇，肇开帝业。贞观之初，时方克壮，抑损嗜欲，躬行节俭，内外康宁，遂臻至治。论功则汤、武不足方，语德则尧、舜未为远。臣自擢居左右，十有余年，每侍帷幄，屡奉明旨。常许仁义之道，守之而不失；俭约之志，终始而不渝。一言兴邦，斯之谓也。德音在耳，敢忘之乎？而顷年已来，稍乖曩志[①]，敦朴之理，渐不克终。谨以所闻，列之如左：

陛下贞观之初，无为无欲，清静之化，远被遐荒。考之于今，其风渐坠。听言则远超于上圣，论事则未逾于中主。何以言之？汉文、晋武俱非上哲，汉文辞千里之马，晋武焚雉头之裘。今则求骏马于万里，市珍奇于域外，取怪于道路，见轻于戎狄，此其渐不克终一也。

昔子贡问理人于孔子，孔子曰："懔乎若朽索之驭六马。"子贡曰："何其畏哉？"子曰："不以道遵之，则吾雠也，若何其无畏？"故《书》曰："民惟邦本，本固邦宁。"为人上者奈何不敬？陛下贞观之始，视人如伤，恤其勤劳，爱民犹子。每存简约，无所营为。顷年已来，意在奢纵，忽忘卑俭，轻用人力，乃云："百姓无事则骄逸，劳役则易使。"自古以来，未有由百姓逸乐而致倾败者也，何有逆畏其骄逸而故欲劳役者哉？恐非兴邦之至言，岂安人之长算？此其渐不克终二也。

陛下贞观之初，损己以利物，至于今日，纵欲以劳人，卑俭之迹岁改，骄侈之情日异。虽忧人之言不绝于口，而乐身之事实切于心。或时欲有所营，虑人致谏，

① 曩志：以往之志，类如当下所言之"初心"。

乃云："若不为此，不便我身。"人臣之情，何可复争？此直意在杜谏者之口，岂曰择善而行者乎？此其渐不克终三也。

立身成败，在于所染，兰芷鲍鱼[①]，与之俱化，慎乎所习，不可不思。陛下贞观之初，砥砺名节，不私于物，唯善是与，亲爱君子，疏斥小人。今则不然，轻亵小人，礼重君子。重君子也，敬而远之；轻小人也，狎而近之。近之则不见其非，远之则莫知其是；莫知其是则不间而自疏，不见其非则有时而自昵。昵近小人，非致理之道；疏远君子，岂兴邦之义？此其渐不克终四也。

《书》曰："不作无益害有益，功乃成；不贵异物贱用物，人乃足。犬马非其土性不畜，珍禽奇兽弗育于国。"陛下贞观之初，动遵尧、舜，捐金抵璧，反朴还淳。顷年以来，好尚奇异，难得之货，无远不臻；珍玩之作，无时能止。上好奢靡而望下敦朴，未之有也。末作[②]滋兴，而求丰实，其不可得亦已明矣。此其渐不克终五也。

贞观之初，求贤如渴，善人所举，信而任之，取其

---

① 兰芷鲍鱼：香草和咸臭鱼。比喻近朱者赤，近墨者黑。

② 末作：指工商业。

所长，恒恐不及。近岁已来，由心好恶，或众善举而用之，或一人毁而弃之；或积年任而用之，或一朝疑而远之。夫行有素履，事有成迹。所毁之人，未必可信于所举；积年之行，不应顿失于一朝。君子之怀，蹈仁义而弘大德；小人之性，好谗佞以为身谋。陛下不审察其根源，而轻为之臧否①，是使守道者日疏，干求②者日进。所以人思苟免，莫能尽力。此其渐不克终六也。

陛下初登大位，高居深视，事惟清静，心无嗜欲。内除毕弋之物③，外绝畋猎之源。数载之后，不能固志，虽无十旬之逸，或过三驱之礼。遂使盘游之娱见讥于百姓，鹰犬之贡远及于四夷。或时教习之处，道路遥远，侵晨而出，入夜方还。以驰骋为欢，莫虑不虞之变，事之不测，其可救乎？此其渐不克终七也。

孔子曰："君使臣以礼，臣事君以忠。"然则君之待臣，义不可薄。陛下初践大位，敬以接下，君恩下流，臣情上达，咸思竭力，心无所隐。顷年已来，多所忽略，或外官充使，奏事入朝，思睹阙庭，将陈所见，欲言则颜色不接，欲请又恩礼不加，间因所短，诘其细

---

① 臧否：褒贬，评品。

② 干求：指钻营巧取。

③ 毕弋之物：捕鸟兽的器具。毕，捕兽之网；弋，射鸟用的系绳箭。

过，虽有聪辩之略，莫能申其忠款，而望上下同心，君臣交泰，不亦难乎？此其渐不克终八也。

傲不可长，欲不可纵，乐不可极，志不可满。四者，前王所以致福，通贤以为深诫。陛下贞观之初，孜孜不怠，屈己从人，恒若不足。顷年已来，微有矜放，恃功业之大，意蔑前王，负圣智之明，心轻当代，此傲之长也。欲有所为，皆取遂意，纵或抑情从谏，终是不能忘怀，此欲之纵也。志在嬉游，情无厌倦，虽未全妨政事，不复专心治道，此乐将极也。率土乂安，四夷款服，仍远劳士马，问罪遐裔[①]，此志将满也。亲狎者阿旨而不肯言，疏远者畏威而莫敢谏，积而不已，将亏圣德。此其渐不克终九也。

昔陶唐、成汤之时，非无灾患，而称其圣德者，以其有始有终，无为无欲，遇灾则极其忧勤，时安则不骄不逸故也。贞观之初，频年霜旱，畿内户口并就关外，携负老幼，来往数年，曾无一户逃亡、一人怨苦。此诚由识陛下矜育之怀，所以至死无携贰[②]。顷年已来，疲于徭役，关中之人，劳弊尤甚。杂匠之徒，下日悉留和雇；正兵[③]之辈，

① 遐裔：指边远之地的少数名族。

② 携贰：生二心之志。

③ 正兵：唐代实行府兵制，正兵指府兵。

上番[①]多别驱使；和市[②]之物不绝于乡间，递送之夫相继于道路。既有所弊，易为惊扰，脱因[③]水旱，谷麦不收，恐百姓之心，不能如前日之宁帖。此其渐不克终十也。

臣闻“祸福无门，唯人所召”。人无衅[④]焉，妖不妄作。伏惟陛下统天御宇十有三年，道洽寰中，威加海外，年谷丰稔，礼教聿兴，比屋喻于可封，菽粟同于水火[⑤]。暨乎今岁，天灾流行，炎气致旱，乃远被于郡国；凶丑作孽，忽近起于毂下[⑥]。夫天何言哉？垂象示诫，斯诚陛下惊惧之辰，忧勤之日也。若见诫而惧，择善而从，同周文之小心，追殷汤之罪己，前王所以致理者，勤而行之；今时所以败德者，思而改之，与物更新，易人视听，则宝祚无疆，普天幸甚，何祸败之有乎？然则社稷安危，国家理乱，在于一人而已。当今太平之基，既崇极天之峻；九仞之积，犹亏一篑之功。千载休期，时难再得，明主可为而不为，微臣所以郁结而

---

① 上番：指调到京城服役。

② 和市：古代官府向百姓议价购买物品，后演变成强行摊派，且价格低廉，逐渐沦为盘剥百姓的手段。

③ 脱因：或许因为。

④ 衅：缝隙，破绽。引申为事端，争端。

⑤ 比屋喻于可封，菽粟同于水火：家家户户因可以获得旌表而感到高兴快乐，菽粟就像水火一样遍地可取。形容国泰民安，教化淳朴。

⑥ 毂下：辇毂之下。指京城。

长叹者也。

臣诚愚鄙，不达事机，略举所见十条，辄以上闻圣听。伏愿陛下采臣狂瞽之言，参以刍荛之议，冀千虑一得，衮职[①]有补，则死日生年，甘从斧钺。

疏奏，太宗谓徵曰："人臣事主，顺旨甚易，忤情尤难。公作朕耳目股肱，常论思献纳。朕今闻过能改，庶几克终善事。若违此言，更何颜与公相见？复欲何方以理天下？自得公疏，反复研寻，深觉词强理直，遂列为屏障，朝夕瞻仰。又寻付史司，冀千载之下，识君臣之义。"乃赐徵黄金十斤，厩马二匹。

06

贞观十四年。太宗谓侍臣曰："平定天下，朕虽有其事，守之失图，功业亦复难保。秦始皇初亦平六国，据有四海，及末年不能善守，实可为诫。公等宜念公忘私，则荣名高位，可以克终其美。"魏徵对曰："臣闻之，战胜易，守胜难。陛下深思远虑，安不忘危，功业既彰，德教复洽，恒以此为政，宗社无由倾败矣。"

---

① 衮职：古代帝王的职事。代指帝王。

07

贞观十六年。太宗问魏徵曰："观近古帝王，有传位十代者，有一代两代者，亦有身得身失者。朕所以常怀忧惧，或恐抚养生民不得其所，或恐心生骄逸，喜怒过度。然不自知，卿可为朕言之，当以为楷则。"

徵对曰："嗜欲喜怒之情，贤愚皆同。贤者能节之，不使过度；愚者纵之，多至失所。陛下圣德玄远，居安思危，伏愿陛下常能自制，以保克终之美，则万代永赖。"

附录

直谏

01

贞观二年。隋通事舍人郑仁基女，年十六七，容色绝姝，当时莫及。文德皇后访求得之，请备嫔御。太宗乃聘为充华。诏书已出，策使未发。

魏徵闻其已许嫁陆氏，方遽进而言曰："陛下为人父母，抚爱百姓，当忧其所忧，乐其所乐。自古有道之主，以百姓之心为心，故君处台榭，则欲民有栋宇之安；食膏粱，则欲民无饥寒之患；顾嫔御，则欲民有室家之欢。此人主之常道也。今郑氏之女，久已许人，陛下取之不疑，无所顾问，播之四海，岂为民父母之道乎？臣传闻虽或未的，然恐亏损圣德，情不敢隐。君举必书，所愿特留神虑。"太宗闻之大惊，手诏答之，深自克责，遂停策使，乃令女还旧夫。

左仆射房玄龄、中书令温彦博、礼部尚书王珪、御史大夫韦挺等云："女适陆氏，无显然之状，大礼既行，不可中止。"

又陆氏抗表云："某父康在日，与郑家往还，时相赠遗资财，初无婚姻交涉亲戚。"并云："外人不知，妄有此说。"

大臣又劝进。太宗于是颇以为疑，问徵曰："群臣或顺旨，陆氏何为过尔分疏？"

徵曰："以臣度之，其意可识，将以陛下同于太上皇。"

太宗曰："何也？"

徵曰："太上皇初平京城，得辛处俭妇，稍蒙宠遇。处俭时为太子舍人，太上皇闻之不悦，遂令出东宫为万年县，每怀战惧，常恐不全首领。陆爽以为陛下今虽容之，恐后阴加谴谪，所以反复自陈，意在于此，不足为怪。"

太宗笑曰："外人意见，或当如此。然朕之所言，未能使人必信。"乃出敕曰："今闻郑氏之女，先已受人礼聘，前出文书之日，事不详审，此乃朕之不是，亦为有司之过。授充华者宜停。"时莫不称叹！

02

贞观三年。诏关中免二年租税，关东给复一年。寻有敕：已役已纳，并遣输纳，明年总为准折。给事中魏徵上书曰：

伏见八月九日诏书，率土皆给复一年。老幼相欢，或歌且舞。又闻有敕，丁已配役，即令役满折造，余物亦遣输了，待明年总为准折。道路之人，咸失所望。此诚平分万姓，均同七子。但下民难与图始，日用不足，皆以国家追悔前言，二三其德。臣窃闻之，天之所辅者仁，人之所助者信。今陛下初膺大宝，亿兆观德。始发大号，便有二言。生八表之疑心，失四时之大信。纵国家有倒悬之急，犹必不可，况以泰山之安而辄行此事！为陛下为此计者，于财利小益，于德义大损。臣诚智识浅短，窃为陛下惜之。伏愿少览臣言，详择利益。冒昧之罪，臣所甘心。

03

简点使、右仆射封德彝等，并欲中男十八已上，简点入军。敕三四出，徵执奏以为不可。

德彝重奏："今见简点者云，次男内大有壮者。"

太宗怒，乃出敕："中男已上，虽未十八，身形壮大，亦取。"徵又不从，不肯署敕。太宗召徵及王珪，作色而待之，曰："中男若实小，自不点入军。若实大，亦可简取。于君何嫌？过作如此固执，朕不解公意！”

徵正色曰：“臣闻竭泽取鱼，非不得鱼，明年无鱼；焚林而畋，非不获兽，明年无兽。若次男已上尽点入军，租赋杂徭，将何取给？且比年国家卫士，不堪攻战，岂为其少，但为礼遇失所，遂使人无斗心。若多点取人，还充杂使，其数虽众，终是无用。若精简壮健，遇之以礼，人百其勇，何必在多？陛下每云，我之为君，以诚信待物，欲使官人百姓，并无矫伪之心。自登极已来，大事三数件，皆是不信，复何以取信于人？”

太宗愕然曰：“所云不信，是何等也？”

徵曰：“陛下初即位，诏书曰：‘逋租宿债，欠负官物，并悉原免。’即令所司，列为事条。秦府国司，亦非官物。陛下自秦王为天子，国司不为官物，其余物复何所有？又关中免二年租调，关外给复一年。百姓蒙恩，无不欢悦。更有敕旨：‘今年白丁多已役讫，若从此放免，并是虚荷国恩。若已折已输，令总纳取了，所免者皆以来年为始。’散还之后，方更征收，百姓之心，不能无怪，已征得物，便点入军，来年为始，何所取信？又共理所寄，在于刺史、县令，常年貌税，并悉委之。至于简点，即疑其诈伪。望下诚信，不亦难乎？”

太宗曰：“我见君固执不已，疑君蔽此事。今论国家不信，乃人情不通。我不寻思，过亦深矣。行事往往如此错失，若为致理？”乃停中男，赐金瓮一口，赐珪绢五十匹。

04

贞观五年。持书侍御史权万纪、侍御史李仁发俱以告讦谮毁，数蒙引见。任心弹射，肆其欺罔，令在上震怒，臣下无以自安，内外知其不可，而莫能论诤。

给事中魏徵正色而奏之曰：

> 权万纪、李仁发并是小人，不识大体，以谮毁为是，告讦为直，凡所弹射，皆非有罪，陛下掩其所短，收其一切。乃骋其奸计，附下罔上，多行无礼，以取强直之名。诬房玄龄，斥退张亮，无所肃厉，徒损圣明。道路之人，皆兴谤议。臣伏度圣心，必不以其谋虑深长，可委以栋梁之任，将以其无所避忌，欲以警厉群臣。若信狎回邪，犹不可以小谋大，群臣素无矫伪，空使臣下离心。以玄龄、亮之徒，犹不可得伸其枉直，其余疏贱，孰能免其欺罔？伏愿陛下留意再思。自驱使二人以来，有一弘益，臣即甘心斧钺，受不忠之罪。陛下纵未能举善以崇德，岂可进奸而自损乎？

太宗欣然纳之，赐徵绢五百匹。其万纪又奸状渐露，仁发亦解黜，万纪贬连州司马。朝廷咸相庆贺焉。

05

贞观六年。有人告尚书右丞魏徵，言其阿党亲戚。太宗使御史大夫温彦博案验其事，乃言者不直。彦博奏称，徵既为人所道，虽在无私，亦有可责。遂令彦博谓徵曰："尔谏正我数百条，岂以此小事，便损众美。自今已后，不得不存形迹。"

居数日，太宗问徵曰："昨来在外，闻有何不是事？"

徵曰："前日令彦博宣敕语臣云：'因何不存形迹？'此言大不是。臣闻君臣同气，义均一体，未闻不存公道，惟事形迹。若君臣上下同遵此路，则邦国之兴丧，或未可知！"

太宗矍然改容曰："前发此语，寻已悔之，实大不是，公亦不得遂怀隐避。"

徵乃拜而言曰："臣以身许国，直道而行，必不敢有所欺负。但愿陛下使臣为良臣，勿使臣为忠臣。"

太宗曰："忠、良有异乎？"

徵曰："良臣使身获美名，君受显号，子孙传世，福禄无疆。忠臣身受诛夷，君陷大恶，家国并丧，独有其名。以此而言，相去远矣。"

太宗曰："君但莫违此言，我必不忘社稷之计。"乃赐绢二百匹。

06

贞观六年。匈奴克平，远夷入贡，符瑞日至，年谷频登。岳牧等屡请封禅，群臣等又称述功德，以为“时不可失，天不可违，今行之，臣等犹谓其晚”。惟魏徵以为不可。

太宗曰：“朕欲得卿直言之，勿有所隐。朕功不高耶？”

曰：“高矣。”

“德未厚耶？”

曰：“厚矣。”

“华夏未安耶？”

曰：“安矣。”

“远夷未慕耶？”

曰：“慕矣。”

“符瑞未至耶？”

曰：“至矣。”

“年谷未登耶？”

曰：“登矣。”

“然则何为不可？”

对曰：“陛下功高矣，民未怀惠；德厚矣，泽未旁流；华夏安矣，未足以供事；远夷慕矣，无以供其求；符瑞虽臻而罻罗犹密，积岁丰稔而仓廪尚虚；此臣所以窃谓未可。臣未能远譬，且借近喻于人：有人长患，疼痛不能任持，疗理且愈，皮骨仅存，便欲负一石米，日行百里，必不可得。隋氏之乱，非止十年。陛下为之良医，除其疾苦，虽已乂安，未甚充实，告成天地，臣窃有疑。且陛下东封，万国咸萃，要荒之外，莫不奔驰。今自伊、洛之东，暨乎海、岱，萑莽巨泽，茫茫千里，人烟断绝，鸡犬不闻，道路萧条，进退艰阻。宁可引彼戎狄，示以虚弱？竭财以赏，未厌远人之望；加年给复，不偿百姓之劳。或遇水旱之灾，风雨之变，庸夫邪议，悔不可追。岂独臣之诚恳，亦有舆人之论。”

太宗称善，于是乃止。

07

贞观七年。蜀王妃父杨誉在省竞婢，都官郎中薛仁方留身勘问，未及予夺。其子为千牛，于殿庭陈诉，云：“五品以上非反逆不合留身，以是国亲，故生节目，不肯决断，淹留岁月。”

太宗闻之，怒曰：“知是我亲戚，故作如此艰难。”即令杖仁方一百，解所任官。

魏徵进曰：“城狐社鼠皆微物，为其有所凭恃，故除之犹不易。况世家贵戚，旧号难理，汉、晋以来，不能禁御；武德之中，以多骄纵；陛下登极，方始萧条。仁方既是职司，能为国家守法，岂可枉加刑罚，以成外戚之私乎！此源一开，万端争起，后必悔之，将无所及。自古能禁断此事，惟陛下一人。备豫不虞，为国常道。岂可以水未横流，便欲自毁堤防？臣窃思度，未见其可。”

太宗曰：“诚如公言，向者不思。然仁方辄禁不言，颇是专擅，虽不合重罪，宜少加惩肃。”乃令杖二十而赦之。

08

贞观八年。左仆射房玄龄、右仆射高士廉于路逢少府监窦德素，问北门近来更何营造？

德素以闻，太宗乃谓玄龄曰：“君但知南衙事，我北门少有营造，何预君事？”玄龄等拜谢。

魏徵进曰：“臣不解陛下责，亦不解玄龄、士廉拜谢。玄龄既任大臣，即陛下股肱耳目，有所营造，何容不知？责其访问官司，臣所不解。且有利害，役工多少，陛下所为善，当助陛下成之，所为不是，虽营造，当奏陛下罢之。此乃君使臣、臣事君之道。玄龄等问既无罪而陛下责之，臣所不解；玄龄等不识所守，但知拜谢，臣亦不解。”太宗深愧之。

09

贞观十年。越王，长孙皇后所生，太子介弟，聪明绝伦，太宗特所宠异。或言三品以上皆轻蔑王者，意在谮侍中魏徵等，以激上怒。

上御齐政殿，引三品已上入，坐定，大怒作色而言曰："我有一言，向公等道。往前天子即是天子，今时天子非天子耶？往年天子儿是天子儿，今日天子儿非天子儿耶？我见隋家诸王，达官已下，皆不免被其踬顿。我之儿子，自不许其纵横，公等所容易过，得相共轻蔑。我若纵之，岂不能踬顿公等！"玄龄等战栗，皆拜谢。

徵正色而谏曰："当今群臣，必无轻蔑越王者。然在礼，臣、子一例，《传》称，王人虽微，列于诸侯之上。诸侯用之为公，即是公，用之为卿即是卿，若不为公卿，即下士于诸侯也。今三品已上，列为公卿，并天子大臣，陛下所加敬异。纵其小有不是，越王何得辄加折辱？若国家纪纲废坏，臣所不知。以当今圣明之时，越王岂得如此。且隋高祖不知礼义，宠树诸王，使行无礼，寻以罪黜，不可为法，亦何足道？"

太宗闻其言，喜形于色，谓群臣曰："凡人言语理到，不可不伏。朕之所言，当身私爱。魏徵所论，国家大法。朕向者忿怒，自谓理在不疑。及见魏徵所论，始觉大非道理。为人君言，何可容易！”召玄龄等而切责之，赐徵绢一千匹。

10

贞观十一年。所司奏凌敬乞贪之状。太宗责侍中魏徵等滥进人。

徵曰：“臣等每蒙顾问，常具言其长短。有学识，强谏诤，是其所长。爱生活，好经营，是其所短。今凌敬为人作碑文，教人读《汉书》，因兹附托，回易求利，与臣等所说不同。陛下未用其长，惟见其短，以为臣等欺罔，实不敢心伏。”

太宗纳之。

11

贞观十二年。太宗谓魏徵曰：“比来所行得失政化，何如往前？”

对曰：“若恩威所加，远夷朝贡，比于贞观之始，不可等级而言。若德义潜通，民心悦服，比于贞观之初，相去又甚远。”

太宗曰：“远夷来服，应由德义所加。往前功业，何因益大？”

徵曰："昔者四方未定，常以德义为心，旋以海内无虞，渐加骄奢自溢。所以功业虽盛，终不如往初。"

太宗又曰："所行比往前何为异？"

徵曰："贞观之初，恐人不言，导之使谏。三年已后，见人谏，悦而从之。一二年来，不悦人谏，虽黾强听受，而意终不平，谅有难色。"

太宗曰："于何事如此？"

对曰："即位之初，处元律师死罪，孙伏伽谏曰：'法不至死，无容滥加酷罚。'遂赐以兰陵公主园，直钱百万。人或曰：'所言乃常事，而所赏太厚。'答曰：'我即位来，未有谏者，所以赏之。'此导之使言也。徐州司户柳雄于隋资妄加阶级，人有告之者，陛下令其自首，不首与罪。遂固言是实，竟不肯首。大理推得其伪，将处雄死罪，少卿戴胄奏法止合徒。陛下曰：'我已与其断当讫，但当与死罪。'胄曰：'陛下既不然，即付臣法司。罪不合死，不可酷滥。'陛下作色遣杀，胄执之不已，至于四五，然后赦之。乃谓法司曰：'但能为我如此守法，岂畏滥有诛夷。'此则悦以从谏也。往年陕县丞皇甫德参上书大忤圣旨，陛下以为讪谤。臣奏称上书不激切，不能起人主意，激切即似讪谤。于时虽从臣言，赏物二十段，意甚不平，难于受谏也。"

太宗曰："诚如公言，非公无能道此者。人皆苦不自觉，公向未道时，都自谓所行不变。及见公论说，过失堪惊。公但存此心，朕终不违公语。”

帝范

李世民

序

余闻大德曰生，大宝曰位。辨其上下，树之君臣，所以抚育黎元，陶钧庶类，自非克明克哲，允武允文，皇天眷命，历数在躬，安可以滥握灵图，叨临神器！是以翠妫荐唐尧之德，元圭赐夏禹之功。丹字呈祥，周开八百之祚；素灵表瑞，汉启重世之基。由此观帝王之业，非可以智竞，不可以力争者矣。

昔隋季版荡，海内分崩。先皇以神武之姿，当经纶之会，斩灵蛇而定王业，启金镜而握天枢。然犹五岳含气，三光戢曜，豺狼尚梗，风尘未宁。余以弱冠之年，怀慷慨之志，思静大难，以济苍生。躬擐甲胄，亲当矢石。夕对鱼鳞之陈，朝临鹤翼之围，敌无大而必摧，兵何坚而不碎，剪长鲸而清四海，扫欃枪而廓八纮。既而承庆天潢，滥登璇极，袭重光之永业，继宝箓之隆基。战战兢兢，若临深而御朽；日慎一日，思善始而令终。

汝以幼年，偏钟慈爱，义方多阙，庭训有乖。擢自维城之居，属以少阳之任，未辨君臣之礼节，不知稼穑之艰难。余每思此为忧，未尝不废寝忘食。自轩昊以降，迄至周隋，以经天纬地之君，纂业承基之主，兴亡治乱，其道焕焉。所以披镜前踪，博采史籍，聚其要言，以为近诫云耳。

1.君体

夫民者，国之先；国者，君之本。人主之体，如山岳焉，高峻而不动；如日月焉，贞明而普照。亿兆之所瞻仰，天下之所归往。宽大其志，足以兼包；平正其心，足以制断。非威德无以致远，非慈厚无以怀民。抚九族以仁，接大臣以礼。奉先思孝，处后思恭。倾己勤劳，以行德义。此乃君之体也。

2.建亲

夫六合旷道，大宝重任。旷道不可以偏制，故与人共治之；重任不可以独居，故与人共守之。是以封建亲戚以为藩卫，安危同力，盛衰一心；远近相持，亲疏两用；则并兼路塞，逆节不生。昔周之兴也，割裂山河，分王宗族，内有晋、郑之辅，外有鲁、卫之虞。故卜祚灵长，历年数百。秦之季也，弃淳于之策，纳李斯之谋，不亲其亲，独智其智，颠覆莫持，二世而亡。斯岂非枝叶扶疏，则根柢难拔；股肱既陨，则心腹无依者哉！汉祖初定关中，诚亡秦之失策，广封懿亲，过于古制，大则专都偶国，小则跨郡连州。末大则危，尾大难掉。六王怀叛逆之志，七国受鈇钺之灾，此皆地广兵强，积势之所致也。魏武创业，暗于远图。子弟无一户之民，宗室无立锥之地。外无维城以自固，内无磐石以为基。遂乃大器保于他人，社稷亡于异姓。故谚曰："流尽其源竭，条落则根枯。"此之谓也。

夫封之太强，则为噬脐之患；枝之太弱，则无固本之隆。由此而言，莫若众建宗亲而少其力，使轻重相镇，忧乐是同，则上无猜忌之心，下无侵冤之虑。此封建之鉴也。

斯二者，安国之基。君德之弘，唯资博达。设令县教，以术化民。应务适时，以道制物。术以神隐为妙，道以光大为工。括苍昊以体心，则民仰之而不测；包厚地以为量，则民循之而无端。荡荡难名，宜其不远。且敦穆九族，放勋流美于前；克谐烝烝，重华垂誉于后。无以奸破义，无以疏间亲。察之以明，抚之以德，则邦家俱泰，骨肉无虞，良为美矣。

3.求贤

夫国之匡辅，必待忠良；任使得其人，天下自治。故尧命四岳，舜举八元，以成恭己之隆，用赞钦明之道。士之居世，贤之立身，莫不戢翼隐鳞，俟风云之运；怀奇蕴异，思会遇之秋。是以明君旁求俊乂，博访英才，搜扬仄陋，不以卑而不用，不以辱而不尊。昔伊尹，有莘之媵臣；吕望，渭滨之贱老。夷吾困于缧绁，韩信弊于逃亡。然而商汤不以鼎俎为羞，姬文不以屠钓为耻，卒能献规景亳，光启殷朝；执旄牧野，会昌周室。齐成一匡之业，实资仲父之谋；汉以六合为家，实赖淮阴之策。

故舟航之绝海也，必假桡楫之功；鸿鹄之凌云也，必因羽翮之用；帝王之治国也，必藉匡弼之资。故求之斯劳，任之则逸。虽照车十二，黄金累千，岂如多士之隆，一贤之重。此求人之贵也。

4.审官

夫设官分职，所以阐化宣风。故明主之任人，如巧匠之制木，直者以为辕，曲者以为轮；长者以为栋梁，短者以为栱角。无曲直长短，各有所施。明主之任人，亦由如是也。智者取其谋，愚者取其力，勇者取其威，怯者取其慎，无智、愚、勇、怯，兼而用之。故良匠无弃材，明君无弃士；不以一恶忘其善，勿以小瑕掩其功；割政分机，尽其所有。然则函牛之鼎，不可处以烹鸡；捕鼠之狸，不可使以搏兽；一钧之器，不能容以江汉之流；百石之车，不可满以斗筲之粟。何则？大非小之量，轻非重之宜。

今人智有长短，能有巨细。或充百而尚少，或统一而已多。有轻才者不可委以重任，有小力者不可责以大功。君择臣而授官，臣量己而受职，则委任责成，不劳而化，此设官之审也。斯二者治乱之源。

立国制人，资股肱以合德；宣风导俗，俟明贤而寄心。是以列宿腾天，助阴光之夕照；百川决地，添溟渤之深源。以海月之凝朗，犹假物而为大。况君人御下，统极理时，独运方寸之心，以括九区之内，不资众力何以成功？必须明职审贤，择才分禄。得其人则风行化洽，失其用则亏教伤民。《书》曰“则哲”惟难，良可慎也！

5.纳谏

夫王者，高居深视，亏听阻明。恐有过而不闻，惧有阙而莫补。所以设鞀树木，思献替之谋；倾耳虚心，伫忠正之说。言之而是，虽在仆隶刍荛犹不可弃；言之而非，虽在王侯卿相未必可容。其义可观，不责其辨；其理可用，不责其文。至若折槛坏疏，标之以作戒；引裾却座，显之以自非。故忠者沥其心，智者尽其策；臣无隔情于上，君能遍照于下。

昏主则不然。说者拒之以威，劝者穷之以罪。大臣惜禄而莫谏，小臣畏诛而不言。恣暴虐之心，极荒淫之志。其为雍塞无由自知，以为德超三皇，材过五帝，至于身亡国灭，岂不悲矣！此拒谏之恶也。

6.去谗

夫谗佞之徒，国之蝥贼也。争荣华于旦夕，竞势利于市朝。以其谄谀之姿，恶忠贤之在己上；怀其奸邪之志，恐富贵之不我先。朋党相持，无深而不入；比同相习，无高而不升。令色巧言，以亲于上；先意承旨，以悦于君。是以朝有千臣，昭公去国而方悟；弓无九石，宣王终身而不知。以疏间亲，宋有伊戾之祸；以邪败正，楚有郤宛之诛。斯乃暗主庸君以之迷惑，忠臣孝子所可泣冤。故丛兰欲茂，秋风败之；王者欲明，谗人蔽之。此奸佞之危也。斯二者，昏明之本也。

砥躬砺行，莫尚于忠言；毁德败心，莫逾于谗佞。今人颜貌同于目际，犹不自瞻，况是非在无形，奚能自睹。何则？饰其容者，皆能窥于明镜；修其德者，不知访于哲人。拒善自愚，何迷之甚！良由逆耳之辞难受，顺心之说易从。彼难受者，药石之苦喉也；此易从者，鸩毒之甘口也！故明主纳谏，病就苦而能消；暗主从谀，命因甘而致殒。可不诫哉！

7.诫盈

夫君者，俭以养性，静以修身。俭则民不劳，静则下不扰。民劳则怨起，下扰则政乖。人主好奇技淫声，鸷鸟猛兽，游幸无度，田猎不时，如此则徭役烦，徭役烦则人力竭，人力竭则农桑之业废焉。人主好高台深池，雕琢刻镂，珠玉珍玩，黼黻絺绤，如此则赋敛重，赋敛重则民财匮，民财匮则饥寒之患生焉。乱世之君，极其骄奢，恣其嗜欲。土木衣缇绣，而人裋褐不全；犬马厌刍豢，而民糟糠不足。故人神愤怨，上下乖离；佚乐未终，而倾危已至。此骄奢之忌也。

8.崇俭

夫圣代之君，存乎节俭。富贵广大，守之以约；睿智聪明，守之以愚。不以身尊而骄人，不以德厚而矜物。茅茨不剪，采椽不斫；舟车不饰，衣服无文；土阶不崇，大羹不和。非憎荣而恶味，乃处薄而行俭。故风淳俗朴，比屋可封，此节俭之德也。

斯二者，荣辱之端。奢俭由人，安危在己。五关近闭，则令德远盈；千欲内攻，则凶源外发。是以丹桂抱蠹，终摧曜月之芳；朱火含烟，遂郁凌云之焰。故知骄出于志，不节则志倾；欲生于身，不遏则身丧。故桀、纣肆情而祸结，尧、舜约己而福延，可不务乎！

9.赏罚

夫天之育物，犹君之御众。天以寒暑为德，君以仁爱为心。寒暑既调，则时无疾疫；风雨不节，则岁有饥荒。仁爱下施，则民不凋弊；教令失度，则政有乖违。防其害源，开其利本。显罚以威之，明赏以化之。威立则恶者惧，化行则善者劝。适己而妨于道，不加禄焉；逆己而便于国，不施刑焉。故赏者不德君，功之所致也；罚者不怨上，罪之所当也。故《书》曰："无偏无党，王道荡荡。"此赏罚之权也。

10.务农

夫食为人天，农为政本。仓廪实则知礼节，衣食令则忘廉耻。故躬耕东郊，敬授民时。国无九岁之储，不足备水旱；家无一年之服，不足御寒暑。然而莫不带犊佩牛，弃坚就伪，求伎巧之利，废农桑之基，以一人耕而百人食，其为害也甚于秋螟。莫若禁绝浮华，劝课耕织，使民还其本，俗反其真，则竞怀仁义之心，永绝贪残之路，此务农之本也。

斯二者，制俗之机。子育黔黎，唯资威惠。惠可怀也，则殊俗归风，若披霜而照春日；威可惧也，则中华慑軏，若履刃而戴雷霆。必须威惠并施，刚柔两用，画刑不犯，移木无欺。赏罚既明，则善恶斯别；仁信普著，则遐迩宅心。劝穑务农，则饥寒之患塞；遏奢禁丽，则丰厚之利兴。且君之化下，如风偃草。上不节心，则下多逸志；君不约己，而禁人为非，是犹恶火之燃，添薪望止其焰；忿池之浊，挠浪欲澄其流，不可得也。莫若先正其身，则人不言而化矣。

11.阅武

夫兵甲者，国之凶器也。土地虽广，好战则人凋；邦境虽安，忘战则人殆。凋非保全之术，殆非拟寇之方，不可以全除，不可以常用。故农隙讲武，习威仪也；三年治兵，辨等列也。是以勾践轼蛙，卒成霸业；徐偃弃武，终以丧邦。何则？越习其威，徐忘其备也。孔子曰："以不教民战，是谓弃之。"故知弧矢立威，以利天下。此用兵之机也。

12.崇文

夫功成设乐，治定制礼。礼乐之兴，以儒为本。弘风导俗，莫尚于文；敷教训民，莫善于学。因文而隆道，假学以光身。不临深溪，不知地之厚；不游文翰，不识智之源。然则质蕴吴竿，非括羽不美；性怀辨慧，非积学不成。是以建明堂，立璧雍，博览百家，研精六艺，端拱而知天下，无为而鉴古今。飞英声，腾茂实，光于天下不朽者，其唯为学乎？此崇文术也。

斯二者，递为国用。至若长气亘地，成败定于锋端；巨浪滔天，兴亡决乎一阵。当此之时，则贵干戈而贱庠序。及乎海岳既晏，波尘已清，偃七德之余威，敷九功之大化。当乎此际，则轻甲胄而重诗书。是知文武二途，舍一不可，与时优劣，各有其宜。武士儒人，焉可废也。

此十二条者，帝王之大纲也。安危兴废，皆在兹乎。古人有言："非知之难，唯行不易；行之可勉，唯终实难。"是以暴乱之君，非独明于恶路；圣哲之主，岂独见善途。良由大道远而难遵，邪径近而易践。小人俯从其易，不能力行其难，故祸败及之；君子劳处其难，不能逸居其易，故福庆流之。是知"祸福无门，唯人所召"。欲悔非于既往，唯慎过于将来。择哲王为师焉，无以吾为前鉴。夫取法于上，仅得为中；取法于中，故其为下。自非上德不可效焉。吾在位已来，所制多矣。奇丽服玩，锦绣珠玉，不绝于前，此非防欲也；雕楹刻桷，高台深池，每兴其役，此非俭志也；犬马鹰鹘，无远必不致，此非节心也；数有行幸，以承劳人，此非屈己也。斯数事者，吾之深过也，勿以兹为是而后法焉。但我济育苍生其益多，平定区宇其功大矣，益多损少人不以为怨，功大过微德未以之亏。然犹尽美之踪于焉，多愧尽善之道，顾此怀惭。况汝无纤毫之功，直缘基而履庆？若崇善以广德，则业泰身安；若肆情以从非，则业倾身丧。且成迟败速者，国之基也；失易得难者，天之位也。可不惜哉！可不慎哉！

（本文以日本京都大学馆藏之《帝范》为底本）

凌烟阁二十四功臣简表

唐贞观十七年(643)，唐太宗为纪念当初一同打天下的诸多功臣，命阎立本在凌烟阁内描绘了二十四位功臣的画像。所绘二十四功臣画像，比例皆真人大小，面北而立，唐太宗常前往怀旧。凌烟阁中分为三层:最内一层所绘为功勋最高的宰辅之臣，中间一层所绘为功高王侯之臣，最外一层所绘为其他功臣。唐朝灭亡后，凌烟阁亦毁于后世战乱之中。

姓名	生卒年	封号	死因
长孙无忌	约594—659	赵国公	遭诬陷，自缢而亡
李孝恭	591—640	河间王	病故
杜如晦	585—630	莱国公	病故
魏徵	580—643	郑国公	病故
房玄龄	579—648	梁国公	病故
高士廉	575—647	申国公	病故

尉迟敬德	585—658	鄂国公	寿终正寝； 中国民间门神之一
李靖	571—649	卫国公	病故
萧瑀	575—648	宋国公	病故
段志玄	598—642	褒国公	病故
刘弘基	582—650	夔国公	病故
屈突通	557—628	蒋国公	病故
殷开山	？—622	勋国公	病故； 二十四功臣最早亡者
柴绍	588—638	谯国公	病故
长孙顺德	生卒年不详	邳国公	卒于任上，死因未载
张亮	？—646	郧国公	收500义子欲谋不轨， 遭处决
侯君集	？—643	陈国公	卷入太子李承乾 谋反事件，被杀
张公瑾	594—632	郯国公	病故
程咬金	589—665	卢国公	病故
虞世南	558—638	永兴公	病故
刘政会	？—635	邢国公	病故
唐俭	579—656	莒国公	病故
李勣	594—669	英国公	病故
秦琼	？—638	胡国公	病故； 中国民间门神之一

学而书馆

出 版 人：史宝明
出 品 人：许　永
责任编辑：许宗华
特邀编辑：黎福安
责任校对：雷存卿
封面设计：海　云
内文制作：万　雪
印制总监：蒋　波
发行总监：田峰峥

投稿信箱：cmsdbj@163.com
发　　行：北京创美汇品图书有限公司
发行热线：010-59799930

创美工厂
官方微博

创美工厂
微信公众平台